Praise for the work of René Saldaña Jr.

A Good Long Way
Named to the Texas Library Association's 2012 TAYSHAS High School Reading List; Finalist, 2011 PEN Center USA Literary Award for Children and Young Adult Literature; Finalist, Texas Institute of Letters Austin Public Library Friends Foundation-Young Adult Book; Honor Book, 2011 Paterson Prize for Books for Young People; Finalist, Foreword Reviews' 2010 Book of the Year

"Told in spare, shifting viewpoints, this short novel, set in a Texas border town and peppered with Spanish phrases, is an absorbing narrative of anger, guilt, sorrow and hope. The intense fights will grab readers, and so will the friendship and love. A great choice for readers' theater." —*Booklist* on *A Good Long Way*

"A poignant, brief novel that leaves a lasting impression, *A Good Long Way* is a meaningful read for teens by an author with a deep understanding of the struggles and rewards of growing up." —*Foreword Reviews* on *A Good Long Way*

"A purposeful but intense tale. Saldaña lays out his characters' thoughts and emotional landscapes in broad strokes." —*Kirkus Reviews* on *A Good Long Way*

"A coming-of-age novel set in the Rio Grande Valley of Texas...This fast-paced novel will make readers think about their own lives and responsibilities." —*Library Journal* on *A Good Long Way*

"Saldaña delivers another moving coming-of-age novel about the perils of friendship and the burdens of parental expectations." —*Booklist* on *The Whole Sky Full of Stars*

"An excellent collection of coming-of-age stories that will appeal to readers struggling to find their own way in life." —*Booklist* on *Finding Our Way*

EVENTUALLY, INEVITABLY

MY WRITING LIFE IN VERSE

RENÉ SALDAÑA JR.

 PIÑATA BOOKS
ARTE PÚBLICO PRESS
HOUSTON, TEXAS

Eventually, Inevitably: My Writing Life in Verse is made possible through a grant from the National Endowment for the Arts and the Texas Commission on the Arts. We are thankful for their support.

Recovering the past, creating the future

Arte Público Press
University of Houston
4902 Gulf Fwy, Bldg 19, Rm 100
Houston, Texas 77204-2004

Cover design by Mora Des¡gn
Cover image credit by ¡Stock/proksima

Poems previously published
"La migra." In Margie Longoria (Ed.), *Living Beyond Borders*. New York NY: Philomel Books. 2021.
"It was poetry." *Inkwell Literary Magazine*. 2021.
"In this book." *English Journal*. 2020.
"Today, through my fingers, the world is gray; and Two things that wake me Up on a Saturday morning—No, three." *Windward Review*. 2019.
"When to eat pan dulce." In Sylvia Vardell and Janet Wong (Eds.), *The Poetry Friday Anthology of Celebrations*. Princeton NJ: Pomelo Books. 2015.

Library of Congress Control Number: 2023943420

Printed in the United States of America

23 24 25   4 3 2 1

Contents

Prologue
On School Visits, Invariably,
a Student Will Ask . . .

. . . how do you become a writer?

I used to have some cracker jack canned response (or three) at
   the ready:

snootily (which is to say, with a flair),
   I'd say, *A writer is born . . .* ;
distantly (which is to say, callously),
   I'd say, *You just know*;
coldly (which is to say, heartlessly),
   I'd say, *If you don't know by now, you're not.*

All of the above: stupidly (which is to say,
   me taking myself way too seriously).

Please, I'm a writer. I write.

Like someone else is a doctor, who fixes the body.
Like someone else is a mechanic, who fixes a car.
Like someone else is a librarian, who fixes the soul.
Like someone else is a mother, who fixes the world.

Today, after decades in the racket,
I smile, look that young writer in the eye and
say, *It's complicated, like this . . .*

Writing Aine No Easy Life,
and It Is

The Deets: My Parents as Kids

Apá was born a long time ago;
Amá a few years after him.
In Mexico, Amá studied at la *Normal*
where mostly girls went to learn
how to teach. Apá finished *primaria*,
6th grade, and later he and some cousins left
Mier, Tamaulipas, for Nuevo Laredo to study
mecánica, the study of machines
like the typewriter, attracting the attention
of Banco Longoria, where his first job there
was collector and errand boy. He'd pedal
a bicycle around town to find people and
get back what they owed. After putting in
his time as low-man he got a promotion
to bank teller. He must'a looked fine
all gussied up, black shoes, a tie, tight hair.
Had a head for numbers, too, apparently.
Typing must not'a hurt either. Eventually,

the two of them met, married and the rest.

Amá, though, tells a story about way before
all this: how when they were kids Apá worked
at a liquor store where mostly older white Winter Texans
came across for their rum or tequila bottles by the gallon,
Oso Negro vodka, too, and *guayaberas* to look native.
She walked home from school with a girlfriend
afternoons who pointed him out through the glass,
claiming, *That's my boyfriend.* He'd be wiping down
the counter, arranging the stock, label facing out, or
carrying boxes of bottles to waiting cars. Amá says,
I saw him, but I didn't see *him, if you know what I mean,*
at which my dad chuckles. *Little did she know,* he says.

3

Fast-Forward: Now She Sees Him
(mid-60s)

It was at a Mennonite church
in Chihuahua, TX, they got married.
I thought I grew up in a small town:
Peñitas, Pop. 1200.
Chihuahua, TX, though! Chihuahua!
I'd be surprised if 100 people lived there.
It's got one street
called Charco, or mud-puddle,
that circles the neighborhood.
Looking at the satellite map of it today,
it's called North, South, East and
West Charco, and
no sign left of the church.
Maybe the canal just a ways from Charco
carried it away? I don't know. Maybe.
Or time.

It's the same canal next to where I grew up in Peñitas
playing baseball where the library stands
today, the canal where I never dared jump in
for fear of drowning (and
didn't my mother tell me if I ever did jump in
like the rest of the *changos* Apá would whoop me
with his belt when he got home from work?),
the canal next to where that man was shot dead and
all that was left of him was dried blood
growing drier, dusty, where he'd dropped and
yellow police tape flapped in the breeze as a warning,

the same canal that seems to originate
out from under Noel Zamora's house and
slithers all the way down to Chihuahua and
beyond. . . .

Beyond is where my parents tied the knot,
on a street called Charco, in a place called Chihuahua,
where there's no sign left of the church,
and the canal meanders along.

Coming into This World on the Cheap
(1968)

If I'm lyin' I'm dyin'—
I cost my parents
a whopping 98 dollars
American to get born.

I was born in a clinic,
not a legit hospital, but
a one-floor one-wing building
that charged the going rate.

I just can't get over costing
my folks not even a hundred
dollars to see the light'a day.
Worth every peso, Amá says.

I imagine Apá pulling out a crisp
one-hundred-dollar bill, hard-
earned. 100 back-breaking dollars.
Blood and sweat earned.

Prizing his two dollars in change,
tickling my chubby toes and
not thinking twice what all that money
could'a bought instead cuz'a them toes!

Years and years later, I fell
from a tree in my *buelo*'s backyard
swinging from branch to branch
like I was all that and can a SPAM.

I slammed into the ground below,
hard enough to break a bone.
Amá took a few hours off at Levi's to get me
fixed up. We sat and waited our turn

in that same clinic where I was born,
my left arm wrapped tight in a towel,
resting on my lap, throbbing.
It's changed since, Amá said, *but*

if you look down that hallway
(she ran a warm palm through my hair)
that's where you were born.
I turned to look, and I imagined

Amá wrapping me in her arms,
sweat a crown on her forehead,
Apá pinching my toes,
two dollars folded deep into his pocket.

In '68 98 Dollars Could'a Got Us

About 290 gallons of gas

I don't even wanna do the math
on how many postage stamps at 6¢ a piece

That's a ton'a eggs at 53¢ a dozen

91-and-a-half gallons of milk

US population was 200,707,052, and I made 3

Strumming My Guitar That Was a Broom
(Canoga Park, CA)

My cousin Jeanette likes to tell the story
of when all the *primos* and *primas*
formed our own backyard band
when we lived in Canoga Park,
CA. This was before we settle-settled in Texas, and
I was only a toddler, and I don't remember
so far back, so this is all hearsay, so
take it with a fine grain of salt.

Jeanette, my other cousin Odette, and
my sister, Irma, sang for the band; Hernán
played the drums (two toothbrushes for sticks and
a few different sized Ponds cream jars for drums);
Eduardo on the guitar and me on bass
(one toy broom a piece).

Oh, how Jeanette laughs when she tells it today
(a music all its own, her laughter).
She says, *Renecito, you'd make like
you were strumming the bass and scream,
Ta-toonga, ta-toonga, ta-toonga.*

Today, old as I am, I've learned to laugh along,
not be so embarrassed like I used to get.
I was a kid after all. Who could hold it against me?

No tengo ni un solo recuerdo
(Canoga Park, CA)

I don't remember learning English.
Nor Spanish, for that matter.

I had to'a picked them up at the same time, though
at the same time both of them lived in my mouth.

I don't have a single memory either of ever thinking
one language was different from the other.

Not one memory of me thinking *now I'm speaking Spanish*
(or English). To me, they got the job done on an as-needed basis.

Amá laughs telling me about when I first started
talking: I was late doing it, three years old maybe?

Up to that time it was me just grunting.
I'd point a finger at a thing I wanted and grunt.

She was starting to worry I'd never talk, ever.
Mudo, she says. For life I'd just point and grunt.

It was my sister who interpreted what I meant: food or
a toy or to be taken up onto a sister's warm lap and held. But

driving down a street one day, I pointed out the window and
said, *Ollo, ollo*, meaning a big ole original drumstick of Kentucky
    Fried Chicken.

But it wasn't Spanish or English I was talking.
A kid's got to eat and say so, right?

Or he'll starve from hunger cuz he never said.

Shakity-Shakes: You Don't
Gotta Tell Us Twice

Living in Canoga I was too young
to remember most stuff, but

some things've stuck in my skull, images
that can't help but lodge themselves in the creases

of a kid's grey matter, specifics like: under me the Earth
quaking to the point of breaking and swallowing me up whole,

my bed tryna buck me off,
Apá's grip on my ankle yanking me into his arms,

us running out, gathering tight in the middle of the front yard
waiting for the Earth to stop pitching its fit.

I remember packing up our things, hugging
my *primos* and *primas* goodbye, getting

a kiss from Tía and a quarter from Tío, scrunching
ourselves into the car, and taking

the quickest, shortest
route out'a California,

down to Texas where I was born.
Back home, where I'm from.

Today, Through My Fingers, the World Is Gray
(Peñitas Viejo, TX)

I rake my fingers
through my *abuela*'s hair.
It's soft like a cloud—
It's grey like a cloud—
a grey cloud raining
smiles down
on me.

When to Eat *Pan Dulce* . . .
(Peñitas Viejo, TX)

On a cold Saturday morning
when Buelita has brewed
a cup of hot chocolate
for me to warm my hands with,
she places a plate on the table,
a tower of Mexican sweet breads:
conchas, pan de polvo,
churros and *empanadas.* But my favorite
is the *cochinito,* a gingerbread piggy
I pull from the tower, bring it up to my nose,
smell its piggly-wiggly wonderfulness . . .
that's when I know
it's time to eat *pan dulce.*

Learning to Write
(Kindergarten, *más o menos*—TX)

The big, fat, red pencil,
a magic wand in my chubby fingers,
I copied my name over and over
on the marked lines of my Big Chief writing tablet.

Such neat handwriting, René,
my kinder teacher said.
I smiled as big and fat
and magical as my pencil.

My First Kiss

She didn't so much distract me as she disturbed me,
but in kindergarten who knows the complexities of love,

layer upon layer of one complication after another,
bundles of delicate circumstances leading to thornier ones?

At such a tender age, my heart, green like it was,
green like I was, all I cared to know was Josefa was my

playground princess, my picture book partner, my Animal Cracker
pal, her hair billows of brown wafting sweetness into my nose.

But I was nothing to her, I'm sure, invisible, not even
a crumb of a speck of a silly boy whose heart swelled

every time I snuck a peek at her during our nap time,
face down on the blue-red plastic-covered foam mats,

she not even a half-arm's length away, her eyes shut—
I lean up on an elbow, stretch my body so and kiss her.

This Aine Nothing Like Reading

Teacher says
we're gonna
learn to read
a clock today:

*The short hand's
on the 12, the long
hand's on the 3. So,
what time of day
is it?* she wants to know.
She holds up
a yellow play clock
with red hands on it and
all the numbers of the day
for us to read.

I'm stumped.
This don't make no sense.
I don't see no words.
I don't see no pictures.
Where's the story?

Where's Jan and Ted and *See Pug Run?*

This aine reading.
This *aine* reading.

Rosita Alvírez *Murió: Ha corrido*
(1st Grade, after a Cinco de Mayo program,
Nuevo Peñitas, TX)

My friend Rudy from down the street
made like he was playing the accordion
by scratching at his ribs, dancing around
raising dust and singing whatever tragic
love song he'd learned that week
(my personal favorite that he belted out
was the ballad about Rosita Alvírez,
a *corrido* of her untimely and violent death
at the hands of a spurned would-be, who,
embarrassed at being turned down,
shoots her three times for his trouble).
Rudy spinning, tickling his ribs, singing
at the top of his lungs like it was no one but
him in the whole wide world—tan, tan.

17

2 Things I'll Always Remember About 1st Grade: Neither of Which Has to Do With My Reading or Writing Life (Or Do They?)

1
Ms. Alvarez, who wore her long brown hair loose
down to her waist and mostly wore *minifaldas*,
so short were her skirts that her thighs showed,
so short that even I as a boy could tell they bothered
the higher-ups because her whole wardrobe just about
skirted the edges of immodesty.

Never mind those platform *tacones*.

2
I can't remember why, but
that day instead of asking
permission to go to the boys'
I peed myself right at my desk.

I also can't remember either
my classmates pointing
their chubby fingers at me—
obviously wet on my lap and
smelling of that staleness—
I don't remember them poking
fun at me, jeering at me, which
is not to say they didn't. I just
don't have a memory telling me
anything to the contrary.
Funny that.

Learning to Ride
(Pharr, TX)

It's my cousin Hernán
I hear clear as day to this day
over my right shoulder
telling me, *You got it,*
Renecito. You got it good.

And sure enough, I do,
                              except
that it's him doing all the pushing
on that bike down the long stretch
ahead of me, him keeping me upright,
trying to teach me to ride on my own,
smooth and straight, to go on forever
down this path: *You got it,* he says again.
I turn my head slightly to see what it is he thinks I've got,

and it seems I am miles away from him now,
on my own,
riding.

Learning to Write, or the Genesis of a Writer Who Got His Start by Reading: A Sonnet

Wet Albert
Encyclopedia Brown
The Hardy Boys
Nancy Drew

"The Veldt"
"The Necklace"
"The Monkey's Paw"
"The Lottery"

Fahrenheit 451
To Kill A Mockingbird
The Great Gatsby
Julius Caesar

And still I read.
And, still, I read.

Mrs. Peña, Who Introduced Me to Wet Albert

(2nd Grade)

My first favorite story was
about a boy called Wet Albert.

On the pages of the class basal,
pink-cheeked, Albert wore yellow
rain hat, slicker and boots. He had to
because everywhere Wet Albert went
a grey cloud followed, dumping buckets
of rain on him and whoever happened
to be standing next to him.

No one wanted to play with him, except
for his baby sister, and then only
on the see-saw. He on his side, wet,
she on hers, dry.

Even Albert's family, who'd taken
to living and working on a riverboat
because they were sick and tired
(in a nice picture book sort'a way)
of all the time getting soaking wet,
needed the occasional break from him so
they'd set him in a dinghy tied
to the riverboat, and he'd trail
behind them all   alone.

Wet Albert must'a been such a lonely
boy. I wonder if I was a lonely boy then,
too, because otherwise why would I
like him like I did? Well, it could'a also
been that (spoiler alert→) I might'a
wanted to meet a stranger who'd offer
me the keys to his helicopter so I could fly

around the world thus bringing verdant life
back to dry and withering places.
In that way, I'd make the story of my own
life something wondrous and super-heroic
and so worth another kid reading it.

Don't feel badly for Wet Albert, though.
He had me for a best friend, and
I'd'a played with him because, you know,
I don't mind a good soak.

No Clue, None at All

After school, after making sure I'm all alone in the living room,
I press zero on our avocado-green wall unit phone
The operator answers, kind, soft: *How may I help you, sir?*
You see, she's got all the numbers of all the people in the world and
so I say, *Can you please connect me to Emma, please?*
Last name? she wants to know. *Emma what, dear?* But
how am I supposed to know? *Emma is all I got, and*
she's in my third-grade class, the girl with the long brown hair,
who almost always wears a dress, who crosses her ankles
waiting at the door, waiting for the bell to ring, I say,
that Emma. Do you know her? Can you get me
her number, please? I'd really like to talk to her,
tell her I like her oh so much, and does she like me back?
The lady, though, disappoints me; she's got no clue who I'm
    talking about.

My Very First Car Worth Mentioning
Was an Orange '57 Chevy

Now, before you get all *wooo hooo* and *woweee*, or
before you start salivating, or before you start feeding
that monster called jealousy, you gotta know this:
that '57 Chevy was of the Hot Wheels variety.

I know, right? Big whooping-hoo!

                    A toy!

But it wasn't just a toy.

                    Not to me.

To me it was way more.

That toy—strike that—that car

                    took me places.

Place 1
My best buds in the barrio
were a kid named Rudy and
another kid named Toño.
While Toño had a wild and
vivid imagination (he once
recreated the epic battles
of Star Wars using X-Wing
Fighters and the Death Star
made from aluminum
foil), Rudy had vision. He didn't
see a spot of shade in his backyard
as the way to escape the heat
of the South Texas sun; instead,
he saw a city in that space under
the canopy of the tree, and
so he carved out streets and
avenues, straight roads, back

roads that curved and
roads that ended abruptly
at the edge of town, and
today I wonder if they ended
simply because we ran out
of the tree's shade or whether
Rudy was the only one who
imagined that road going and
going out beyond his little city
of dirt, beyond the rural mile-lines,
leading to / through / and past
other imagined cities and towns,
leading to bigger and
more exciting cities? But

I got a chance to drive my bright
orange '57 Chevy up and down
those streets and avenues, and
I built my very own house
of popsicle sticks and leaves
with its very own driveway
where I'd pull out from to go
to the drive-in theater (El Valle) or
to the grocery store
(Foy's Supermarket) or
to North 10th Street to go cruising
like I heard the older boys did
with real cars on Friday nights.
Rudy, Toño and I whiled away
our summers driving hard
as the day is long.

Place 2
At Foy's Supermarket
there was a magazine rack.
When I joined my folks on trips
to get our groceries for the week,

what they called *el mandado*,
they'd take a buggy and
start at the fruit and vegetable section and

I stayed behind
looking at magazines.
I always started out with
MAD Magazine. I loved
reading through what I now
know to be satire, the always funny
Spy vs. Spy [which always reminded me
of the cartoon violence
of *Tom and Jerry* and
The Road Runner (every so often
I found myself rooting
for Wil. E. Coyote, though:
beep! beep!)].

Without ever creasing the paper,
I always finished with the foldable
where if you folded A and B in such
a way they met in the middle, and
you'd get a second, usually funnier
picture from the original
not so funny picture.

After this came the car magazines.
Usually it was the ones with a lowrider
on the cover. And though, yeah,
the bikini-clad girl adorning the car pictured
was always attractive,
it was the cars pictured inside
the covers that I found
most beautiful of all.
These guys, the ones who transformed
oldies and classics and new cars
into something magical through the use
of hydraulic suspensions and

slick paint jobs, they were mad scientists.
They could bend a car this way or that,
it seemed; raise the front left in greeting;
rear up on all fours in an act of defiance,
a sort of dare to everyone else
on the block: *Yeah, I'm here and*
I'm here to stay—whatchu
gonna do about it! In Spanish,
it's *¡Y qué!* But the paint jobs
were the best. Always in unexpected
colors and mixes of colors:
a purple base with yellow and
green stripes. Always metallic. Like that.

So I'd go home and strip my little
'57 Chevy of its orange paint job and
pull out my sister's bottles
of nail polish. And though she never
provided me with the most exciting
colors, and though I never used pink,
my all-time favorite was her clear polish,
because that left me with a shiny
gunmetal grey hot rod, and
I loved taking that out
for a drive on our front porch.

Place 3
Which got me to thinking:
What do those guys do on
North 10th when they cruise?
What's the big deal about driving
your car low and slow
(if the car itself wasn't low,
you would be: slouching
in your seat so that just the top
of your head showed, but never
so low that you couldn't see where

27

you were driving), but always slow and
always with all the windows down and
the music blaring:
Mexican music (so,
norteñas and *cumbias*),
hard rock (the big hair and
make-up bands like Quiet Riot),
Lionel Richie and that vein, and
country (because even the kikkers or
the farmboys with cowboy hats and
boots showed up in their trucks and
did their best at low and slow, (which
is a hard thing to do with the trucks
because the big tires and the hats—
also big—could only go so low).

And though I was a bit young
to go cruising myself, I could imagine,
couldn't I? And I did. Up the sidewalk
leading from our porch
to the street and back down it.
I liked the Beach Boys, so
that's the music I imagined
coming out my rolled down
windows, and every eye turned
when this shiny gunmetal gray
'57 Chevy showed up on the scene.
Especially the girls!

A toy car, you say?
Whatever, I say.

It was more than that.
It was my first car, brother, and
whatchu gonna do about that!

Jealous now?

Summertime Magic

Playing cops and robbers, good guys and bad,
every boy in the barrio plus a girl or two come out.
Never without our make-shift pistol or rifle.
In it for the fun, for the satisfaction of pow-pow-powing
the enemy, and if not outright shooting them down,
at least arresting the bad guys, or with luck, you're the bad guy
    bolting with the loot. . . .
Summertime magic: a stick in hand, some friends, a bit of
    make-believe.

Today, Through My Nose, the World Is Yellow

Hot off the *comal*
the tortilla
is calling my name.
My older sister's got hers,
my baby brother his;
the middle child,
I've been waiting
my turn my whole life,
my stomach
grumbling.

Hot in my mother's hand,
that tortilla is calling my name.
My mom spreads
a melting tab of butter
on the tortilla's face.
My face smiles
in anticipation.

Oh, my stomach is full
from just the smell.

In the Magic Tree

to Jonathan y Polito, my cousins

Hidden in the branches of the mesquite, my *primos* and I dream.
Our tree house, right now nothing more than four slats for seats
Tío Elías hammered together for us, the floor and walls make-
   believe.
It is here we pass the time and keep out of trouble, mostly. But

boy, it's just enough, our magic tree that transforms
into army H.Q. where me and my cousins strategize.
We're addicted to tv's *Rat Patrol*, our Saturday AM fix.
How easily my *buelo*'s *basurero*—just a hole in the ground,
mounds of dirt around it to keep the fire from spreading—
serves as our desert dunes, protection, a bird's eye view.

Rat-tat-tat-tat-tat, we fire on our enemy.
We are valiant soldiers of the sun, invisible rifles
strapped onto weary shoulders, marching to our tree
where we lay down our guns, rest and become *primos* again.

Visiting Polito, My Cousin, Always . . .
A Good Time: A Self-Plagiarism
(pinched from *The Jumping Tree*)

We'd
spend hours
on end in
his father's
carpentry
shop
sawing
blocks
of wood
into rough
imitations
of cars and
planes.

We'd
shave
planks
of wood
until
they felt
smooth
on the palms
of our
hands or
our cheeks.

We'd
use the
shavings
later on for
kindling or
confetti, and

                    we'd
dig our
fingers
into the
mountains
of sawdust,
sometimes
deep
as our
elbows.

Ant Juice

for my sister

They make it from hormigas, my sister insists.
That's what Elizabeth told me.

I look at the *cold* greenish bottle in my hand,
the words Dr. Pepper slapped across its belly.

See for yourself. Hold it up to the light of the sun.

One eye closed, the glass up to the sun, I say, *Yeah, so?*

Well, dummy, can't you see it's the color of red ants?

It's not, I say, but you won't catch me just yet drinking from it.

*Sure, it is. What the Dr. Pepper people do is grab the ants
between thumbs and index fingers like so
and squish their little guts into the bottles. One by one.*

I look down the throat of the bottle, study its contents,
raise it to my mouth, take a swig anyway,
then say, *So? It tastes good. And besides, it's hot out.*

Guerrilleros

Incoming! grito yo from the far end of the yard.
Esta home-made *bomba,* a paint-bucket grenade
arcing across the pale sky, en route to blowing
my cousin to bits and pieces. But all in fun.

Estos fueron los juegos de mi niñez—
war, *pero con sonrisas, sin saber*
the damage we could cause. Playing
at these dangerous games, yet laughing,
rolling on the grass after, no worries.
Todo era nada más que make-believe.

Taunting our elders: *I'll put whose eye out?!*
Pues, my rock-filled bucket bomb that day
floated across the sky—but how could I have known?—
and cracked my *primo* on the forehead, knocked him out.

La Migra

We're boys, so at the sight
of their white trucks stirring
up dust in the distance,
we scamper like cockroaches.
Just like that, in no minutes flat,
they're right up on us, the words
on the back panels easy to read:
US Border Patrol in green.

They step out the air-conditioned trucks:
men in green uniforms carrying guns
at the ready—cowboys of the New West—
always on the lookout for *mojaditos*,
brown wetbacks, whose hair and skin and eyes
are brown like mine, whose crime is to want
to work in the fields alongside our mothers
and fathers, whose only dream it is
for their children to play marbles or
hop-scotch with us—
                                    all of us
free and brown and laughing,
                                    all of us
running to hide from La Migra.

Then Came Junior High

Those blasted years. And
those teachers who made me fall
out of love with reading a book
—I won't name them—who insisted
that all of those picture books and
all of those little mysteries didn't count
for much.

Not any more. Now we needed to learn
how to really read: to recognize theme,
to identify the symbolism,
to search for meaning
(theirs, not mine . . .
never mine).
We wrote papers.
We were made to talk
in small groups or
to the entire class.

Those teachers!
Still I won't name them.

My Father, the Man (1)

comes home from work late smelling of stale sweat,
his knuckles caked with dirt. The back of his neck torched
red, his bare back oozing pinprick droplets
of blood from the heat of the sun. On his work shirt,
the company logo and his name stitched on the chest,
it crumpled cozy in the corner alongside socks and pants.
His *lonchera*, duct-taped together, green thermos
half filled with cold *arroz* and frijoles he didn't finish.
Has me crack his knuckles, pulling on his fingers, but
not farting like in the jokes between other fathers and sons.
His toenails yellow like cardboard from years,
millions of them, working. Tonight lying on the floor
on his back resting resting. He's got no time to play, but
that's all right. He's got work again tomorrow. I get it.

A Card for My Mother

What a punk I am cuz
it's Amá's birthday today
(or Valentine's, or Mother's Day), and I forgot, again.

Aine till after school when I get home,
ready for my tv shows that my sister reminds me,
again: *What kind of punk are you?* she wants to know.

I shake my head this way and that cuz
I know the answer to that one: the worst kind;
so I pull out scraps of construction paper,
and glue and scissors, and sit, hoping for a way out.

I cut out a heart and paste it down on green paper and quick-
    scribble,
Feliz cumpleaños, Amá (or *Be Mine* or *Happy Mother's Day*),
and tack on my stupid signature. When she gets home,
all I've got is this card, so a bucket load of shame on me, again.

He Would'a If He Could'a
(*Calling All Kids and Parents*: Troll Book Club)

Apá hardly ever attended any of my extracurricular activities.
A game or two of football, another couple'a baseball, but
definitely not any of the spelling bees, nor that play I was in,
Kiss Me Kate, that ended up being funnier than it's meant to be
due to a mishap on the stage involving Petruchio in tights bending
over, his back to the audience who got an eyeful of him for sure.

I'd like to think Apá did go to my graduation, a momentous occa-
    sion and
one of the reasons he came to the States, to give me a shot at it, one
that I wouldn't'a had back in Monterrey, where the day-to-day cost
a newly married couple too much. If he didn't go to even this stuff,
it was because he was working. And when he wasn't working, he
    was working
some more. Here's how I know he would'a gone if he could'a gone
    to all of it:

some Monday mornings he'd reach into his left pocket, pull out a green,
oval squeeze coin pouch where he kept his change, he'd pinch it
    open and
out he'd pull a dollar or two in quarters. Not much of a reader himself,
he knew it'd come in handy for me someday. So, he'd slip me the
    cash and
I'd pore over the flimsy pages of my *Troll Book Club*'s order sheet
until I found a book I wanted, all these words to escape into.

That's how I know.

My Father's Hands (1)

My father's hands are two roots tearing into the ground.
The knots that are his knuckles cry out from the pain of years
   turning a shovel,
his palms coarse sandpaper scraping a slat of wood.

My Father's Hands (2)

My father's hands are brown;
they are both the roots
and the dirt clinging
to the roots,
digging,
stretching.

A Lion Sleeps in the Heart of Every Man
(A Golden Shovel out of *The Jumping Tree*)

The man worried about everything. **Apá**
would take us out to eat, and chewing he'd calculate **the**
total, taxes included. His mind on work, the **man**
couldn't enjoy a meal out because he **was**
preoccupied with the bills still to pay, or would **there**
be enough for what needed taking care of? His mind racing / **pacing**
to the very edge where what-if lived, but he'd come **back**
for moments at a time around the table, **and**
he'd look around at us all, he'd look at us back and **forth,**
and with our mouths full we'd smile, and he'd smile, too, **like**
there was not a problem in the world for me to worry over. **A**
macho if ever there was one. A bear or a lion. Yes, a **lion.**

El Canalito: In Those Days
(Nuevo Peñitas)

1
The sun high and behind me,
I stand at the edge of the place
where I've washed carrots and cantaloupes
with others from the old neighborhood,
the water dancing, swirling silently by,
green muck like velvet gathers
where hardly no one plays
anymore.

Now I am in the water,
my blue jeans glued to my legs,
mud and twigs in my hair,
laughter and *gritos* when
another one of us jumps in, splashing veils of water
that temporarily blind those caught in the way.

2
Then from the ditch, between our *canalito* and
some farmer's fields (the ditch so deep
it fills with a rushing, almost treacherous rain water
after a storm, hurries past us, headed God only knows where), but
from that side, a muddy hand catches the edge of the cement
    from below,
another lays down a white melon, a honeydew—
green splotches like fingers grabbing hold of it,
or stretch marks on a mother's belly—
then climbs up and into the water reaching back
for our daily nourishment, a trophy won by hard work
(crouched and zigzagging so as not to be found out by the farmer and
in spite of, or maybe to spite, his *No Trespassing* signs).
The fruit cracked on the canal's hard lip, its guts of seed
spill into and float away on the water of our childhood.

3
Broken into parts as equally portioned as possible,
I crave mine and so chomp down into my piece.
All of us smiling, anticipating our next morsel,
juice streaming down our chins where rivers
of other forbidden fruits have flowed,
our bellies full for now.

Later, the water still flowing, my shadow caught up in a twig,
imprisoned by its velvety fingers and hands,
which have grown there in the span of minutes, or years,
hands that reach for me from this great rushing past.
I anchor myself to the ground; otherwise,
the twig and I would float down the way,
happy and free like
in those days.

Leal's Grocery Store

Leal's Grocery's at the end of the *caminito*,
the dirt alleyway that runs the length of the barrio.
It's hot today, but I got some coin in my pocket
burning a hole and I'm in the mood for a Fanta Orange,
maybe a bag of Cheetos. I wait a little bit to see
if anybody else pokes out their head, but after a few
minutes I figure nobody's up for the trek, so I head there
on my own. Better for me:

> I won't have to share nothing
> with nobody.

Today, Through My Eyes, the World Is Green

The bright sun up,
Apá pushes the mower
over the plush

      green

           grass.

In front of the mower
the grass is tall.
The mower chomps
and then spits
the clippings
like crisp confetti
out the side,
leaving a clean
green line
behind.

Up and down he mows . . .
Up and down he goes . . .
leaving behind him rows
of the brightest

      greenest

           grass.

Two Things that Wake Me Up Too Early on a Saturday Morning—No, Three

1

Los Farías from across the street
replace the rooster crowing from up the street
announcing to the world of our street
it's time to wake on up, all of us living on our street
with the loudest music spilling out onto our street

It's *norteñas* blaring on our street
        and *cumbias* twisting on our street
                Los Tigres del Norte splattering *corridos* on our street
                Freddy Fender crooning "Wasted Days" on our street
                Narciso unpacking happy-happy-joy-joy from his
                squeezebox on our street.

But, man, it's way too early on our street.
Sun up, sure, but I'm still under my covers in my house on our street.
No matter cuz these Mexican beats won't stop filling up our street.
I may as well get up, take a look up and down my street,
wave good morning at Mundo Farías, Sr. across the street.

2

Next, it's my dad
who should be sleeping in
on such a fine Saturday morning
after a long, hard week of work.
Instead, he pulls out
that rickety clankety sputtering
máquina de cortar zacate,
a mower on its last wheels
gasping for one last breath,
coughing up its nasty smoke,
shrieking its rattling noise.

And wouldn't you know it?
Without fail, he starts and ends
right outside the window
of my little corner
of the little bedroom
I share with my little brother.

3
The third way
wafts in
from my mother's kitchen:
chorizo con huevo
migas
atole de arroz
tortillas de harina
fresh off the *comal*
a tab of butter
melting on its face
folded in half,
the butter trickling
down my chin.
Just a sniff's enough
to get me out of bed,
rubbing my hands together,
rubbing my stomach.

Something to Music

Check it out: back during my junior high days
I even joined the band, played the cornet
because I knew there was something to music.
I didn't know exactly what that something was, but
there it was. And I wanted to be a part of it.

The cornet was cheaper at the music store
than the trumpet, so that's what my parents
bought on credit for me. Though I had no clue
why, I innately knew to tell the girls
it was a trumpet I played because unless you know,
who can tell the difference? Also, because what cool cat
ever played the cornet? I know this much today:
not Miles, nor Dizzy. It was the trumpet for them.

But Man, That Boy Can Play

Man!
Julián can play
that trumpet of his.
He takes a deep down
to his lowest belly
breath,
holds it

               there

for the shortest beat and
I   can't   wait
for the notes to flow,
for the song to come
rushing out the bell.

But first,

               the wait . . .

until from deepdeepdown
the notes rise
in a bubble of air,
up and up and up they come,

               then stop

in his Dizzy Gillespe cheeks,
where they choose their sweetest line,
form their plaintive plan,
pick their most capricious path
along the stave.

But

        the wait . . .

this blasted wait,
such a heavy load to bear.

And

then it's over
just   like   that,
him blowing that song
along.
Man, that boy can play.

What Goes Around . . .

It was in my grandfather Servando's rocking back and forth on the patio towards the end of his life and his scratchy cheeks, and

in my grandfather Federico's *cuentos* throughout and towards the end of his, hurried, an urgency to them,

in my grandmother San Juanita's *arroz con carne* every time we visited her in Mier, Tamaulipas, and

in my grandmother Aurelia's flowers, especially the *esperanza* bulbs in her front yard I used to pop on my forehead.

I found out much later in life that in English the *esperanza* is called the yellow trumpet. How cool is that?

El Espejo

*"Nos miramos en el espejo,
y nos vemos el uno al otro."*
—new Chicano proverb

Esos mochos, we whisper-shouted.
Chicanos pochos, they screamed back.
One ridiculing the other—*You don't speak right.*
Brothers and sisters ripped apart by something so simple as a river.
My own father among them, who crossed back and forth
time and again, and today recites the *Pledge*
in broken English like a shattered window. *But*
he isn't them, I told myself. *And neither am I.*

So, what am I if not my father's son? And
what my story and my tongue?
I listen to the river rushing past, and
I hear it clearly, fluidly telling me
that we are all the same: brothers and sisters,
mothers and fathers, *tíos* and *tías*, and *primos.*

Can't Be Scared of Someone Who's Loved

Old Pete, the head of the only white family in Peñitas,
scares me because he's white and he sits on his front porch
every day, drinking and smoking when none of our dads do,
not in such a public way anyhow.

He scares me so bad I'd sacrifice my only football
if it ever bounced into his yard, him sitting there staring,
always puffing on his cigs, filling the world with clouds of smoke,
always drinking, shirtless.

Shirtless, his chest and gut translucent, arms red,
remnants of the Texas sun like with all our dads. But
the scars on his chest, a bright pink like bubble gum,
scare me even more. It's the cancer that did that.

Then one day, he's gone. Gone-gone, I mean, and his family
cries for him. Can't be scary no more if someone cries for you.

Our Last Kiss

para mi abuelita

The tree she had planted
three years before,
which she hoped to see flower,
flowered this year—a purple white.

It bloomed just days after
her death, and so
she did not see the fruit
of her labor.

Last I saw her I bent to kiss
her brown and wrinkled face,
a grandson's peck on the cheek,
my hand on her shoulder for support.
Our glasses' frames clinked
as always, on our last kiss.

In This Book: Me, Myself & I

(*Stories from El Barrio* by Piri Thomas,
Nellie Schunior Junior High, 1981 or thereabouts)

I don't want to stop reading this book.
It's the first I've ever read myself in.
Kids in it talk Spanish.
      Got names like mine.
            Got brown skin like mine.

But I don't want to check it out, either.
Cuz then I'm on the radar,
& the last thing I want is to be a reader.

Pero ¿qué de mí?

I found it by chance on the shelf of my junior high library.
In it, the characters are named Pedro and Johnny Cruz who
speak Spanish like I did with my friends strutting down hallways
between classes.

In one story, "The Konk," Piri, the young narrator, tells
about wanting to get a konk, a hair-straightening treatment
that burns his scalp, and

at home when his parents ask what he's *done to your beautiful hair*,
he says it was because he was tired of being different.
That I got.

After reading Thomas, I understood one thing:
When it came to reading, I was purposefully
being relegated to outside the pages.

I did not exist in literature.
My story deemed worthless,
of no value.

My Open Wound

This realization was my *herida abierta*.
I knew there was at least one book telling
my story, but if I hadn't stumbled across it,
I would never'a known even that.
I began wondering why we weren't being made
to read Thomas in class. If I liked it, I was sure
others would, too. It would'a made a difference
for me and them—a teacher, who I took to be
the sole authority figure in the classroom, intentionally
selecting my story as the one to assign
would'a been big: I mean, everyone reading my story
on the pages of this book, everyone reading me / us!—

Of course, it would'a made a difference.

My Librarian

The librarian, though,
who I'd love to name, I can't.
I know she was there.
In my mind, I can see her behind
the checkout counter,
kids lined up, her hands busy
taking the card from its pouch
at the back of the book and
stamping the due date in red.

There had to'a been someone
there. Someone had to look
the other way when I'd sneak
into the library when it wasn't
my turn and no pass to speak of:
before the morning bell,
during lunch, after school.
I wonder, did I ever skip class and
make my way there?
I don't think so. I wouldn't'a
had the guts to risk it.

Something else I don't remember:
the librarian ever sneaking a look over
my shoulder, curious about
what I was reading (if you must know,
it was likely quick reads on UFOs,
long-lost treasures or Sasquatch).
She didn't hover recommending
similar titles (*If you like that book,
you'll absolutely love . . .*) or
making conversation (a sure sign
she was assessing my comprehension
skills) or ushering me out.

A Librarian Just Knows

A librarian's every instinct,
I imagine, is to engage a reader.
This librarian didn't.
Not in the way we speak
of engagement today.
She must'a known better
than to confront me.
She must'a understood
what Frank Smith would write
only a few short years later: first,
that *Teachers should facilitate and*
promote the admission of children
into the literacy club. Children who
come to school already members
of the club [ME!] . . . *should find*
expanded opportunities in school
for engaging in all the activities
of club membership, and
those *who have not become*
members before they get to school
should find the classroom [and
the library! oh my goodness, yes!
the library!!!] *where they are*
immediately admitted to the club
(*Joining the Literacy Club*, 11).
The classroom / library is a place / space
where participation is possible without
evaluation and collaboration is always
available. No child should be excluded
(*Joining the Literacy Club*, 12); second,
that *Comprehension is not a quantity,*
it is a state—a state of not having any
unanswered questions (*Reading*
Without Nonsense, 93).

All this stuff is the stuff my librarian knew cuz she was a librarian.

Texas, in That Sense, Was Like a Story. And a Boring One at That: A Self-Plagiarism
(pinched from *The Jumping Tree*)

The Texas Mexican's state bird
in the Rio Grande Valley was one
of three birds: the black *urraca*,
the obnoxiously loud *chachalaca* or
the evil and magical *lechuza*.
The *lechuza* struck fear
into the hearts of all children
because legend had it that
these owls were witches in the guise
of the night birds, in search
of their enemies and
bad little boys and girls.

Our flower was the fruit
of the prickly *nopal*. Instead
of green beans, our moms and
grandmoms would slice the prickly
espinas off the cactus using
a razor blade, cut the cactus
into bits and boil them.

We sang "Allá en el Rancho Grande,"
"De Colores" and "Las Mañanitas."
Not "Texas, Our Texas."

All of these made up our Texas.

All of These Made Up Our Texas:
A Mish-Mash Self-Plagiarism
(pinched from *The Jumping Tree*)

everywhere brown faces
the white face

occasional
peppering

throngs of Mexicans
throngs of us

brown faces everywhere

It Was Poetry

I'd read it somewhere:
eyes like limpid pools.
I had no idea
what *limpid* meant,
but it sounded like poetry.
I knew girls liked poems
& Janie was the girl
I was after, so
I wrote her one:
something, something,
something, your eyes
are limpid pools.

After lunch that day
walking around the school,
she held my hand.

Lost

I head to Tío Polo's shop.
He's a carpenter.
There are mounds of sawdust
on the floor, sawdust in
every nook and cranny.
I find my corner,
pull out the latest
Kaliman, el hombre increíble,
& read. I'm lost

in the sawdust,
        lost in the adventure.

                Lost in the language.

Sweet Conversion
(1981)

He wasn't all that good at the Catholic thing, my dad.
He put up with Amá taking herself and us kids
to a Baptist church, but come with? Not a chance.

If Sunday school and hard preaching helped keep us
on the straight and narrow, making his job that much easier,
fine, but don't be bringing that holy-roller *mugrero* home to
   him.

He was good weekends watching *béisbol* and the fights,
slamming back a beer or two. He'd rather mow the lawn,
work on the truck or sort his bucket of nails and screws than

to think about anything Jesus. That is, until we kids decided
to get baptized, which meant the preacherman visiting, sitting
in our living room with us a few weeks making sure we knew

what getting dunked under water meant, it was no small thing:

that once we were sinners, that Jesus shed His blood on that cruel
cross for us, for me, that three days hence He'd risen, thus
   defeating
death and sin, that we'd repented of all our wrong-doing,

that now we had Jesus in our hearts, that now we were new
   creatures,
that old things had passed away, that all things had become new.
This went on for several weeks, 6 p.m., every Monday, Apá sitting

in the dining room within hearing distance, suspicious, eating his
   dinner, eavesdropping
on Preacher's every word, at first doubting it, grumbling the
   whole time.

One February, though, on Valentine's Day, he turned his life
   around:

went up to that preacherman during the altar call and said: *I need
to pray that prayer. I want to be a new man.* And that was that. He
   gave up
drinking, gave up the cussing and from then on never missed
   church.

And best of all, he started reading. He'd crack open his Bible
   and
read it hours on end, catching up for all those years he'd missed.
Amá and us couldn't be happier. It pays to *poner oreja*, I guess.

My Father, the Man (2)

I wish I didn't, but
this day I remember
like it happened only
a day ago:

It's coming up on noon, and
the *primos* are playing
a las escondidas,
the Mexican version
of hide-and-seek.

Hiding amongst the huisache or
in Tío's junkers next to his shop.
We've been going at it for a couple hours now.

I'm thirsty from all the running and hiding, so
I go for a drink of water, and Apá is chest
to chest with another of my uncles who's
been drinking and slurring his speech but
not so much that I don't know what he says next:

Échate un trago como antes.
He's holding a plastic cup of Oso Negro
in Apá's face, who's standing there

quietly,

not taking it, but taking it.
Looking Tío back smack
in the eyes.

*Drink it like you used to, or
are you not a man anymore?*

At which point my uncle turns and
sees me. I see shame cover his face.
Even through the fog of drunkenness
he knows he's taken a step too far,
questioned a man's worth in front
of his son. He backs off, skulks away.
Sits off to himself to drink some more.

Apá doesn't drink no more.
He's an *hermano*, a holy-roller.

That's the day I learned
what turning the other cheek looks like.
And Apá turned into a giant that day.

Tío Who Cursed My Dad Was Still
My Tío, Whom I Loved

To me, mourning a loved one's passing is a soft perfume.
I remember standing in line waiting
to offer my *tía* my condolences
after my *tío*'s death.

When I leaned in for an *abrazo* and
a kiss, she smelled of that perfume
that makes me remember death.

Someone else mourning the death
of his own uncle might say instead:
To me, death is the brightness of the sun.
It is my primos *wearing dark sunglasses*
to hide behind. I remember standing
along a wall in the backyard, dusty and
quiet. I'm with my cousins waiting
to go to the cemetery. Every one of them
was wearing dark glasses.
I didn't own a pair, so I went without,
my face left exposed.
Were they looking at me?
Could they tell that I didn't know
how this kind of sadness
was supposed to look on a face?

Yet another boy might say,
not so poetically, but simply:
Mourning, to me, is the sound of crying.

A Word So Much More Beautiful
(1985)

On the day Apá got his citizenship,
he was asked to answer a bunch of questions.
To prove he was deserving of this prize, I guess.

He'd learned just enough English to get by
at work with his boss, Mike. Enough to move up
in the concrete-laying ranks anyhow. But

today, in front of some official sitting squat
behind his desk, a pen in his hand, who held tightly
onto the thing my father wanted so badly and who

seemed to be shielding it from folks looking
for their slice of the *sueño americano* pie,
even if it was just a sliver of that dreamy wedge

(Apá's portion of pie looking like working his fingers
to the marrow, *mochilas* full of books for his kids,
a pillow for his tired head, food in our bellies),

that man asked one final question of Apá:
What's the color of the jacket you're wearing?
A softball lobbed down the middle of the plate,

right there hanging, the size of the whole earth, he couldn't miss,
right? Apá, in his *mocho* English, his accent sopping thick, said,
Purpo, but sorry I can't say it right in English.

In Spanish, though, he said, *the word is* morado.
No, the official said, *it's not purple or* morado.
Your jacket's maroon, or guinda. *But close enough.*

The jacket was Apá's pride and joy, a gift from Amá
who'd been with Levi's for a decade now. Her prize now his,
he wore it another ten years whenever he had to dress up. But

that day Apá had no word in English for *guinda*. His reservoir
mostly empty yet. He knew *close enough*, though. And
besides, isn't *guinda* so much more beautiful to say than *maroon*?

El sueño americano

Don't it sound so much more beautiful than its
   English counterpart—
The American Dream: predetermined: baseball,
   apple pie, Chevrolet?

El sueño though's something to make your own and
   trudge towards,
a thing to fight for if you've got to, to strive for day after day.
To fall asleep conjuring up. A brand new day every day.

You Got Papers?

You'd think it'd be something
I'd remember clearly, something
of that magnitude,
Apá getting his citizenship.
A man now documented.
With papers.

To my shame, I don't recall
even the least bit of that day.
I scour the insides of my skull, but
I got nothing of that day,
those precious hours.

The man never missed a day of work
unless he absolutely had to, and
you'd think for a day such as this
he'd'a asked Mike for some time.
An hour or three. Maybe the day.
He'd'a been sitting at the table
eating breakfast instead of already gone
to work, while we kids got ready for school.

You'd think I'd'a noticed him dressed up
for the occasion: replacing
his work blues and crusty boots
with his pressed khakis, his shiny shoes,
a button-down shirt buttoned up,
his maroon Levi's jacket.

Amá asking for the day, too,
to join him, be there to back him up.

Hard as I try, it aine there.
If I'd been paying attention,

I would'a known to say,
Hey, Apá, what's up with the fancy duds?
Goin' somewhere special? But

I didn't. Later that day, home from school,
don't you think there'd'a been something
like a celebration? *Fideo con pollo* or
my dad's favorite, chicken *mole?*

Even something so simple as Amá bragging
on him at the dinner table: *Kids, guess what?*
Amá telling it proud, Apá trying to hide a smile
of pride behind a fist, but the shine in his eyes, though,
showing through. I'd'a seen it had I been paying attention.

Like I say, though, if any of that happened,
I wasn't paying attention, so I missed it.

After, though, I do remember the production
he made of it at the bridge on our way home
from visiting family in Mier. Waiting our turn
in the long line, waiting to re-enter our
United States, he'd reach under his seat, pull out
a manila envelope, undo the clasp, leaf through
the contents, ready for when the customs guy asked,
You an American citizen? And ready, Apá'd look
the man square in the eyes and let the paper do the talking.

I Wrote, But I Wasn't No Writer
(If that Makes Sense)

I wrote my very first story
my junior year of high school.
Like a *telenovela*, it's drenched
in clichés and melodrama.
It's a horror story that takes place
in my very own barrio:
Nuevo Peñitas in deep South Texas.
The narrator steps out onto his front porch,
slips and falls, cracking his head on the cement.
He gets up, shakes the fuzzy out of his head and
walks across an empty lot,
sent to the corner grocery store
by his mother, where he will buy
an onion, a couple of tomatoes and
a packet of corn tortillas.

On his return, the boy meets a fierce,
cold headwind, a *norte*,
the north winds I experienced growing up.

In the near distance, his house. But
also his neighbors on the street,
fisgones, curious peepers
trying to see who the ambulance
is here for. The boy worries
it's his mother. Who else?
His dad has gone to work.
It can't be anyone but his mother.

His heart is in his throat.

The boy elbows his way
through the crowd,

steps up to the gurney,
pulls back the sheet,
only to find himself staring at
—wait for it, wait for it—his own face,
pale and lifeless, no light in his eyes.
He catches a glimpse of his mother,
at the edges of the crowd, being comforted
by a neighbor. Her only son dead.

Corny, didn't I tell you?

Music All Around

I stop in the middle of the Puente Internacional and
shut my eyes. I listen to the current of the Río Bravo
coursing under me, flowing in the direction
of the Gulf of Mexico, and if I tilt my head just so and
block out the car horns and screeching fan belts, or
screeching children or children selling Chiclets, I hear
the music of the river, then I open my eyes and ears and
see and hear
       the music of it also
           in the children,
               the fan belts,
                   the car horns.

In-Betweenness

Those of us from here, the Rio Grande Valley,
we rest between two borders.

To the south is the Mexico-Texas line.
Above us, *el norte*.

On a given day, traveling from Mier, Tamaulipas
in Mexico from visiting my family, a customs agent will ask,

You a US citizen? Apá's taught us to answer *Yes,
of course, yes.*

Customs waves us into the country.
We are home.

That same day, we might drive northward
to visit my *tía* in San Antonio, but

not even an hour on the road, just shy
of Falfurrias on I-69, we slow to a crawl behind

cars, rigs, buses, all of us inching our way
to the Border Patrol checkpoint

that boasts high numbers in arrests of *illegal aliens* and
drugs confiscated.

Citizen? the agent asks.
For the second time in a day we say, *Yes*, and

again we're waved on,
like we need permission to leave the Valley,

like we're traveling into another country,
my own and at once not.

Waiting Our Turn at the Border Patrol Checkpoint, Falfurrias, TX #1

(On our way to visit Tía and the cousins in San Antonio, TX, US of A)

10 cars back, in the back seat, we kids go quiet. Apá's
shoulders tense.

Waiting Our Turn at the Border Patrol Checkpoint, Falfurrias, TX #2

At a snail's pace, we ooze up a spot. Ahead, a German
 shepherd barks.

Waiting Our Turn at the Border Patrol Checkpoint, Falfurrias, TX #3

Seems like forever, but we've inched into 8th spot. Visiting
Tía's scary.

Waiting Our Turn at the Border Patrol Checkpoint, Falfurrias, TX #4

Number 7: aine nothing lucky about it; just one space closer.

Waiting Our Turn at the Border Patrol Checkpoint, Falfurrias, TX #5

So close now to read the stats: YTD: Undocumenteds
caught? Lots.

Waiting Our Turn at the Border Patrol Checkpoint, Falfurrias, TX #6

Why am I so scared to death in my own back seat in my own country?

Waiting Our Turn at the Border Patrol
Checkpoint, Falfurrias, TX #7

4th in line: Amá's grown quiet. I wonder, *Is this how she dreamed it?*

Waiting Our Turn at the Border Patrol
Checkpoint, Falfurrias, TX #8
(*Aquí estoy, ¡y no me voy!*)

Apá's left a paper trail. He's documented. He's earned it. *¡Y qué!*

Waiting Our Turn at the Border Patrol Checkpoint, Falfurrias, TX #9

Nearly there, Apá says: *Look him in the eye. No fear. It's your country.*

Waiting Our Turn at the Border Patrol Checkpoint, Falfurrias, TX #10

The fear's being told: *Go back where you came from.* I'm from Peñitas, though.

Waiting Our Turn at the Border Patrol
Checkpoint, Falfurrias, TX #11

Swagger like John Wayne's, he asks Apá: *'Merican citizen?*
Yessir.

A Book, an Escape

I told my teacher that on moral grounds
(all the bad language I'd be exposed to
in reading such a book! and oh, me oh my
innocent self!) I would not read Salinger's
Catcher in the Rye. Never mind that I heard
worse on the bus home after school than
Holden ever knew in a lifetime of cursing.

In truth, I just didn't want to read it.
Tired of reading a book cover to cover,
taking notes on it, discussing it with similarly
bored classmates, taking some more notes,
etc., etc., ad nauseum with this book,
with every book ever assigned by similarly
bored teachers, and closing shop with
a five-page paper on the theme of innocence or
adolescent rebellion. My teacher, who wore braces
like a kid, said, *Sure. I won't make you read
something you feel you shouldn't.* (And,
oh, foolish me for pumping my fist in the air
inside my head at the news, thinking
that was the end of that, and that I'd get
to sit this one out while my classmates
plowed through yet another boring book,
oh, foolish, foolish me! What was I thinking?)

Ms. García pointed to the bookshelf behind
her desk. Odd how I'd never noticed all
those books, neat, side by side, alpha by author
last name. *I won't tell you how much
you're going to miss out on by not reading
Salinger, one of America's best writers*
(an old teacher trick, telling me exactly
what she said she wasn't telling me. Sneaky, she).

What I will tell you is that you've still got to read
a book and do all the same work your friends
have to do, but you're going to have to do it all
on your own.

I was in too deep to back out now, though, so
I nodded. *And,* she said, *the book you'll read,*
on your own, has to be one you choose
from my own personal collection.

Before doubt could creep in, and I'd take it all
back, retreat, my rebel tail between my legs,
I bent and scanned the titles. My finger hovered
over *The Count of Monte Cristo* by one
Alexandre Dumas. The cover, simple—a portrait
of a young man wearing a brown coat,
his black hair messy, his face pale and
sideburns like my *tíos'* sideburns, the man
looking back at me, eyes focused and dark.
Determined. I liked the cover. Judged it.

This one, I said. *Good choice,* she said.
When you're ready, let's talk about it
if you want, she said. *Not likely,* I thought, *but*
good try.

A couple lessons learned from reading this book:
first, I was a slow reader but a determined one;
second, given the choice, I knew a good book
when I saw one; third, I liked action and
adventure stories; last, I could actually fall
back in love with reading.

Writing, What a Bore
(12th grade)

The next story I wrote was worse
than the first, a cheap knockoff
of *Romeo & Juliet*. My story took
place on a New York City subway,
though I'd never traveled
to the Big Apple. I'd never taken
the El either. But I thought stories,
if they were gonna be any good,
had to unfold in fancy faraway
places where people talked hard and
fast, who moved down a street harder and
faster. In a rush to get some place,
to do something big. My only experience
with the city was the movie *The Warriors*
about a gang framed for killing Cyrus,
the one man who would bring all
the gangs of New York together as one,
The Warriors now desperate to make it
back to Coney Island, their turf, slog
through block after dangerous block,
every gang in the city after them
to exact their pound of revenge. I scored
an A on that piece, but it never
occurred to me I could be a writer.
It was an assignment I had to do,
nothing more, and the moment I turned it in,
it was over and forgotten. And *O' I am fortune's fool!*

Mirrors / Windows / Sliding Glass Doors: Reading Edition

Stories from El Barrio
Gatsby
The Sun Also Rises

Walt Whitman
Emily Dickinson
e.e. cummings

"The Battle Royale"
"Sonny's Blues"
"A Good Man Is Hard to Find"

Go Tell It on the Mountain
The House on Mango Street
Bless Me, Ultima—Bless Me, Ultima, though!

Mirrors / Windows / Sliding Glass Doors: TV Show Edition

The Rat Patrol
Gilligan's Island
Hogan's Heroes

Solid Gold
Soul Train
American Bandstand

El Chavo del Ocho
El Chapulín Colorado
Siempre en domingo

Las momias de Guanajuato
Nosotros los pobres
El cuatro dedos

I Got My Own Typing Skills: 60 wpm:
Soy mecanógrafo como Apá

M
ME
MER
MERR
MERRY
MERRYC
MERRYCH
MERRYCHR
MERRYCHRI
MERRYCHRIS
MERRYCHRIST
MERRYCHRISTM
MERRYCHRISTMA
MERRYCHRISTMAS
HO
HO
HO
prospero año y felicidad
and to all a good night

A Hole in My Pocket, I Write
(Though Sometimes Writing Doesn't Look It)

I'm strutting down
the hallway

like Tony Manero
in *Staying Alive*.

I've got my 10-color
shuttle pen burning

a hole in my pocket,
anxious to pull it out

& show my classmates
I'm a writer extraordinaire:

I'll click to black, to blue,
to green, to red, to purple

& write. Write whatever.
Write it all

in all the pretty colors.

Afternoons, My Mother Reads: How I Became a Writer

Afternoons—
after school for us,
after work for her—
Amá'd sit at the table,
rifle through the mail,
arrange the bills by due date,
put aside the ones we kids'd
later read to them both because,
as Apá was fond of saying,
Ustedes son los que saben inglés.

On other certain days,
she'd find her subscription
to *Selecciones*, the Spanish
version of *Reader's Digest*, and
on those afternoons, she'd sit
at the table a bit longer
before getting started on dinner.
She'd read through the whole
in one sitting, and on occasion
she'd share a *chiste*
that made me laugh, too. Or
one of the more heart-warming,
feel-good stories about someone
lost in the Himalayas for days without
everything necessary to keep on
keeping on but somehow finding
the grit to survive. I'd sit mesmerized
by such stories. *Adapted from*
is how they were described.
Condensed is what they were called.
Abridged which is to say
cut down to the essential bit of bone.

Reduced to the very core
of the story. Nothing superfluous.
Just the nitty gritty, the necessary
for a story to work: character-driven
action, dialogue to speed up / slow
down the pacing, vivid detail. But

my favorite were the readers' stories,
always down to earth, true. Stories
that could've happened next door, or
down the street from me.

Amá would sit in the immediate silence
after reading aloud to us, she'd gently close
the magazine, gently lay it on the table,
at the head, then rise and start dinner.

Under the Shade: How I Became a Writer

para mi abuelito, with all of my heart

Under the shade of corrugated sheets,
sitting on old tires with rainwater lapping
against the insides of them, Buelito points
with his eyes to the now-paved expressway and
past it to the rows of cotton. He says,
Those were hard days back then, hard but
good. Meaning when he was a boy
working this very ground or one much like it.
Young people today, he said
shaking his head at the thought.
You all don't know what hard is,
can't appreciate all the good you have.

I sit and listen, mostly out of respect,
he is my grandfather after all, and
the man does tell a good story.
We'd leave the house for work early,
a time you don't normally see, m'ijo.
His lips stretch to expose his teeth,
which he can pull out when he wants,
where he wants. I chuckle because
for an old man he sure can be funny
when he wants. *We'd work for so little*
money, a measly couple dollars a day.
Work through lunch most times, up till dark.
Specks of white dangle on the brown dying
carcasses of picked-over cotton, dust rising
from the drying fields, spinning this way and
that with no apparent destination.

Now look. There Buelito goes,
shaking that disappointed head of his

again. *Mira, a machine can do the work*
of hundreds of men, women and children.
Y con aire condicionado this one man
tears up the earth. He falls silent,
the sun inching its way, ever so slowly,
toward the toes of our feet.
He says, as if to himself,
I wonder what that one man
gets paid?   I bet more
than those men, women and
children all in one big lump."
I begin to feel the heat of the sun on my toes.

Ustedes nunca sabrán what it is to work. But
I mean work-work, out in the sun work.
Work till your hands bleed work. Till your back
don't go straight no more kind of work.
I stand up and wiggle my toes into the cool dirt.
The water in my tire spills onto a patch
of worn, dry, cracked ground.
I wrap my arms around his shoulders,
stooped, strong. He reaches for my face
with his calloused hand, and smiles.
No, I think, *I guess I'll never know*
what that kind of hard you mean is. But
I know this much, that math at school and
reading and writing both, they're hard for me.

El cuentista: How I Became a Writer

"We are our histories"
—a New Chicano proverb

My *abuelo*, arms outstretched,
sitting on his couch, his legs crossed,
in his little *trailita* he bought after
my grandmother died, smiles into
the video camera, a prophet looking back now.

I'll be 87 next February, he starts. And
in his eyes, now graybrown and hiding behind
smudged glasses, I know there are countless stories,
stories that help define me, my self.
¿Qué quieres saber? he asks.
I want to know everything, Buelo.

Everything? But where to start?

Not a Single, Solitary Thing: A Writer-in-the-Making in Line at the US Post Office Dropping Off a Letter to His Long-Distance Girlfriend at the Counter Instead of In the Box: Bettering the Odds

Standing in the long line at the US post office, I'm reading
Monte Cristo.

Here's what I miss for reading:

my neighbors in line whispering their disdain for the agent behind
    the counter who's taking longer than they think she should,
the woman in front of me scratching at a scab on her elbow,
    making it bleed,
the funky, crusty old man there to pick up a package.

My nose in this book,
I don't miss a thing.

Reading Is Not Writing . . . Or Is It?
How I Became a Writer
(Senioritis—1986)

When you get to college, what will you study?
Honestly, I had no clue, nor where to start. But

back then, the last thing on my mind
that I would want to be was writer.

In those days it didn't occur to me
that someone would want to be an author.

Why would anybody choose that as their job?
I wrote essays and book reports for class, so

I knew first-hand the hassle writing was. But
to study it, to do it as a job, like my father worked

for a paving company upwards of 12 hours a day?
The thought never crossed my mind.

Of course, I knew there had to'a been someone
jamming words together into sentences

into paragraphs into chapters into books.
I wasn't dense. But the materials we read in class

were nothing more than texts we were assigned
to plod through. They were by Ray Bradbury,

whoever in the universe he was;
Guy de Maupussant, whose name I had problems

pronouncing and as for his masterpiece, "The Necklace"—
quelle horreur for a young reader; and

O. Henry with his silly trick endings. But to me,
a student tryna get by, they were nothing

more than names on book covers. I read them because
they were required of me and I wanted the high grades.

The authors were long dead, or, if they were still living
(which I had no way of knowing, really, and no desire

to find out), they were from faraway places
like London or New York City, all strange and exotic and

inaccessible to a boy from deep South Texas.
Nevertheless, I read them.

And eventually, inevitably I wrote.

Epilogue
Eventually, Inevitably

I only started writing-writing
during my early university days.

There was a group I hung out with:
Lynn, Craig, Glen and Deanna—
others on the periphery—they read.

So I read. They read and loved talking
about what they read. We'd hang
out at the snack shop and
Glen (or another of them) read
a poem, and over Little Debbie snack cakes and
Mountain Dew we'd talk. Just talk.

This is how I fell in love
with e.e. cummings,
Dickinson, Whitman. So many others:

Fitzgerald, Hemingway, Faulkner.
Later, on my own, I found Baldwin.
And much later, also on my own,
Cisneros, Anaya, Chávez, Gilb.
Paredes, Hinojosa-Smith, Rivera. But
that's for a different poem, a different book.

Every so often Glen would pull out
a notebook from his satchel and
read something else, something
we'd not been assigned in class, and
it was beautiful. And it was his.

I started paying closer attention to Glen
when he wasn't looking. Walking to class,

he'd stop in the middle of a hallway,
pull out a notebook and write, finish,
he'd stuff it back in his bag and
head wherever it was he was going.

He also always had a girlfriend, or
girlfriends, I should say. I didn't.

He wasn't handsome, no more than me,
anyhow. But I didn't have a girlfriend.
Much less girlfriends, plural. And
I so badly wanted one. Then it struck me:
Glen was a poet, and I remembered back
to my junior high days writing
that poem for Janie, *something-
something-something* about *eyes like
limpid pools*, remembered the warmth
of her palm in mine, how soft, how
I floated on that walk around the school, and
came to a monster realization:

chicks dig poetry. So

I bought a notebook of my own and
tried my hand at this poetry business.

From what I recall and try fruitlessly to forget:
it was horrible poetry I wrote early on, and
it didn't get me a girlfriend either. So
I dumped it all and would've burned it
if only I'd had a box of matches.
I'm telling you, it was bad. And
I'm glad I got rid of it all. But
I wrote, and back then that was enough.

Coda
Writers Do What?

The question now, though, became *What do writers do?*

The stock answer is, *Writers read, read and read some more.*
When you think you've read enough, read again.

But a book's gotta be more than a book for a writer.
It can't be just a chance to escape from my life right now.
It can't be just my fun little distraction for the duration.
It can't be just medicine for a hurting soul / body / mind.

It's gotta be a lesson learned:
How'd this writer sucker me into the story from the get-go?
How's this writer speed up the story or slow it down?
Why's this writer not following the rules?
Hey, wait, what just happened there?

Writing's beyond the book, too, though.
Writing happens all around me every day,
every minute of the day. Every second.
I've just got to be in a *trucha* state of mind:
aware, open to, *listo* for whatever pops up and when.
Be ready for it, jot it down on the blank sheet
of the inside of your skull right now if that's all you got.
File it away for later, or for never.
Train yourself to smell the sweet but
also the rancid. Let everything you touch
electrify you from fingertips to your toenails.
Look, but see. Eavesdrop on conversations
happening all around you. Taste the page of a book,
taste a shoelace, the salt on a friend's temple.
File it all away for one day, or never.
There just in case, there for when
the moment is right.

Don't wait on a lightning bolt, or
your muse. Writing's hard work.
Stringing words together to make
sentences, sentences to make
paragraphs, paragraphs to make
chapters, chapters to make
a book, books to fill
a shelf. It's tough, this writing life. But
if I do it right, you'll read my words, and
maybe you'll ask me one day, *How do I
become a writer?* And I'll have this poem
in my pocket, folded up neatly. I'll take it,
try to flatten the creases, embarrassed
by the coffee stains and assorted smudges, and
hand it to you. You'll take it, read it and
put everything else aside, and get started:

words to sentences to paragraphs
to chapters to your very first book
that'll look so lonely on that shelf
that you'll want to write some more and
more and more.

Till then, I'll keep writing. And wait on you.

Elogios para las obras de René Saldaña Jr.

A Good Long Way
Nombramiento en la Lista Texas Library Association's 2012 TAYS-HAS High School Reading List Finalista, 2011 PEN Center USA Literary Award for Children and Yound Adult Literature Finalista, Texas Institute of Letters Austin Public Library Friends Foundation-Young Adult Book Honor Book, 2011 Paterson Prize for Books for Young People Finalista, Foreword Reviews' 2010 Book of the Year

"Narrado en perspectivas sobrias y cambiantes, esta novela corta localizada en un pueblo en la frontera de Texas y salpicada con frases en español, es una narrativa interesante de indignación, culpabilidad y esperanza. Tanto los intensos conflictos como la amistad y el amor atraparán a los lectores. Una buena selección para una lectura dramatizada".
　　　　　　　—Booklist sobre *A Good Long Way*

"Una novela conmovedora y breve que deja una impresión duradera, *A Good Long Way* es una lectura significativa para jóvenes por un autor que tiene un buen conocimiento de las luchas y los premios que conlleva la madurez".
　　　　　　　—Foreword Reviews sobre *A Good Long Way*

"Una historia intencionada pero intensa. Con grandes pinceladas, Saldaña expone los pensamientos y el panorama emocional de sus personajes".
　　　　　　　—Kirkus Reviews sobre *A Good Long Way*

"Una novela de crecimiento localizada en el valle del Río Grande de Texas .... Esta novela rápida hará que los lectores piensen sobre sus propias vidas y responsabilidades".
　　　　　　　—Library Journal sobre *A Good Long Way*

"Saldaña presenta otra novela de crecimiento sobre los peligros de la amistad y la carga de las expectativas de los padres".
　　　　　　　—Booklist sobre *The Whole Sky Full of Stars*

"Una excelente colección de cuentos de crecimiento que llamarán la atención de lectores que están luchando por encontrar su propio camino".
　　　　　　　—Booklist sobre *Finding Our Way*

Tarde o temprano era inevitable

MI VIDA DE ESCRITOR EN VERSO

RENÉ SALDAÑA JR.

TRADUCCIÓN AL ESPAÑOL DE
ALAÍDE VENTURA MEDINA

PIÑATA BOOKS
ARTE PÚBLICO PRESS
HOUSTON, TEXAS

Tarde o temprano era inevitable: Mi vida de escritor en verso es posible gracias a una beca de National Endowment for the Arts. Agradecemos su apoyo.

Recuperando el pasado, creando el futuro

Arte Público Press
University of Houston
4902 Gulf Fwy, Bldg 19, Rm 100
Houston, Texas 77204-2004

Diseño de portada por Mora Des¡gn
Ilustracion de portada por ¡Stock/proksima

Poemas previamente publicados
"La migra". En Margie Longoria (Ed.), *Living Beyond Borders*. New York NY: Philomel Books. 2021.
"It was poetry". *Inkwell Literary Magazine*. 2021.
"In this book". *English Journal*. 2020.
"Today, through my fingers, the world is gray; and Two things that wake me Up on a Saturday morning—No, three". *Windward Review*. 2019.
"When to eat pan dulce". In Sylvia Vardell and Janet Wong (Eds.), *The Poetry Friday Anthology of Celebrations*. Princeton NJ: Pomelo Books. 2015.

Library of Congress Control Number: 2023943420

♾ El papel usado en esta publicación cumple con los requisitos de American National Standard for Information Sciences—Permanence of Paper for Printed Library Materials, ANSI Z39.48-1984.

Impreso en los Estados Unidos de América

23 24 25   4 3 2 1

Contenido

Prólogo
En cada visita escolar, no falta
el niño que pregunta...

. . . ¿cómo te volviste escritor?

Antes, acostumbraba sacarme alguna frase hecha de debajo
de la manga:

con superioridad (o sea, con onda)
respondía: *Se nace escritor . . . ;*

con objetividad (o sea, con crueldad)
respondía: *Es algo que se sabe;*

con frialdad (o sea, desalmado)
respondía: *Si te lo estás preguntando,*
es que no lo eres.

O una mezcla de todas las anteriores: con torpeza (o sea,
tomándome demasiado en serio).

Por favor, soy un escritor. Escribo.

Igual que otros son médicos y arreglan el cuerpo.
Igual que otros son mecánicos y arreglan coches.
Igual que otros son libreros y arreglan el alma.
Igual que otras son madres y arreglan el mundo.

Ahora que llevo décadas en este asunto,
sonrío, miro de frente al joven escritor y
le digo: *Es complicado, mira . . .*

Escribir no es cosa fácil
y sí lo es

Antes que nada: mis papás de niños

Apá nació hace mucho tiempo;
Amá algunos años después que él.
En México, Amá estudió en la *Normal*
que era la escuela donde las señoritas
aprendían a ser maestras. Apá terminó la *primaria*,
hasta sexto grado, y luego con algunos primos cambió
Mier, Tamaulipas, por Nuevo Laredo para estudiar
mecánica, el mundo de las máquinas,
como la máquina de escribir. Atrajó la atención
del Banco Longoria, donde su primer empleo
fue como cobrador y mandadero. Pedaleaba
una bicicleta por todo el pueblo, buscaba a los deudores
para que pagaran sus deudas. Después de un rato
de ser un don nadie, lo ascendieron
a cajero. Se debe de haber visto galán,
tan elegante, zapato negro, corbata, bien peinado.
Era bueno para los números, también, eso parece.
Y para escribir a máquina. Con el tiempo,

se conocieron, se casaron y todo lo demás.

Amá, en cambio, cuenta una historia anterior
a todo esto, de cuando eran niños. Apá trabajaba
en una licorería donde un montón de tejanos blancos jubilados
compraban ron, botellas de tequila de a litro,
vodka Oso Negro y *guayaberas* para parecer locales.
Al salir de la escuela ella caminaba a casa con una amiga
que lo apuntó a través del cristal de la ventana
y dijo: *Ese es mi novio.* Él habría estado limpiando
el mostrador, acomodando el inventario con la etiqueta hacia
      afuera o
cargando cajas o botellas hacia los carros que esperaban *afuera*.
      Amá dice
Lo vi, pero no lo vi realmente, tú me entiendes.
Y mi papá suelta una risita. *Ella no imaginaba lo que le esperaba,*
dice.

Adelantando: ahora ella lo mira
(a mediados de los años sesenta)

Fue en una iglesia menonita
en Chihuahua, Texas, donde se casaron.
Yo solía pensar que había crecido en un pueblito:
Peñitas, 1200 habitantes.
Pero ¡Chihuahua, Texas! ¡Chihuahua!
Si allá vivían cien personas, sería demasiado.
Tiene una sola calle
llamada Charco, charca,
que circunda el vecindario.
Estoy viendo el mapa satelital ahora.
Se llaman Norte, Sur, Este y
Charco Oeste y
no queda rastro de la iglesia.
A lo mejor el canal que corría cerca de Charco
se lo habrá llevado consigo. No sé. Tal vez.
O el tiempo.

Es el mismo canal junto al que yo crecí en Peñitas,
jugaba béisbol ahí donde hoy está la biblioteca.
Es el canal al que nunca me atreví a aventarme,
me daba miedo ahogarme (¿y mi mamá no
me había dicho que si me llegaba a aventar
como el resto de los *changos* Apá me iba a dar
con el cinturón en cuanto volviera del trabajo?),
el canal junto a donde apareció baleado aquel hombre y
lo único que quedó de él fue su sangre seca,
más seca cada vez y más polvosa, donde cayó y
la cinta amarilla de policía ondeó al viento como una advertencia,

el mismo canal que parece
brotar debajo de la casa de Noel Zamora
y deslizarse hasta llegar a Chihuahua y
más allá . . .

Más allá es donde mis padres se dieron el sí,
en la calle Charco, en el pueblo llamado Chihuahua,
donde no queda rastro de la iglesia,
y el canal discurre.

Venir a este mundo en oferta
(1968)

No miento, lo juro—
A mis padres les costó
la estrepitosa cantidad de 98 dólares
americanos que yo naciera.

Nací en una clínica,
no en un hospital en forma, sino
en un edificio de un solo piso
que cobraba tarifa fija.

No me quito de la cabeza
haberles costado menos de cien
dólares por ver la luz del día.
Cada peso bien gastado, dice Amá.

Imagino a Apá estrenando un
billete de cien, todavía liso y ganado
con esfuerzo. Cien dólares por partirse el lomo.
Valor de sudor y sangre.

Atesorando los dólares del vuelto,
haciéndome cosquillas en los dedos del pie
sin pensar demasiado en todo
lo que ese dinero pudo haber comprado —¡si ni fuera por esos
  deditos!

Muchos años más tarde, caigo
de un árbol en el jardín de Buelo
saltando de rama en rama
sintiéndome muy muy.

Azoto en el suelo tan recio
como para romperme un hueso.
Amá pide un descanso en Levi's para ir
a buscarme y llevarme al doctor. Esperamos

sentados en la misma clínica donde nací;
mi brazo derecho envuelto en una toalla
descansa en mis piernas, punzando.
Ha cambiado bastante, dice Amá, *y sin embargo*

si ves aquel pasillo,
(me acomoda el pelo con la mano)
ahí es donde naciste.
Volví la mirada, imaginé

a Amá arropándome en sus brazos,
una línea de sudor en su frente,
Apá pellizcándome los dedos del pie,
dos dólares doblados en su bolsillo.

En el 68, con 98 dólares comprábamos

Unos 290 galones de gasolina

No quiero ni hacer el cálculo
de cuántos timbres postales, a seis centavos la pieza

Son un montón de huevos, a 53 centavos la docena

91 y medio galones de leche

La población de Estados Unidos era de 200,707,052. Conmigo,
053.

Rasgando mi guitarra que era una escoba
(Canoga Park, California)

A mi prima Jeannete le gusta contar la historia
de cuando todos los *primos* y *primas*
formamos una banda de rock en el patio
de la casa de Canoga Park,
California. Esto fue antes de mudarnos a Texas para siempre.
Yo era muy chico y no recuerdo
aquellas épocas, todo es de oídas, hay
que tomarlo con reservas.

Jeanette, mi otra prima Odette y
mi hermana Irma eran las cantantes; Hernán
tocaba la batería (las baquetas eran cepillos de dientes,
los tambores, envases de cremas Ponds de varios tamaños);
Eduardo en la guitarra, yo en el bajo
(cada quien con su escoba de juguete).

¡Cómo se ríe Jeanette cuando lo cuenta!
(es música en sí misma, su risa).
Dice *Renecito, hacías*
como que rasgabas el bajo y gritabas:
Ta-tunga, ta-tunga, ta-tunga.

Hoy, a mi edad, he aprendido a reírme con ella,
no me da vergüenza como antes.
Era un niño, después de todo. ¿Quién podría culparme?

No tengo ni un solo recuerdo
(Canoga Park, Califorinia)

No recuerdo haber aprendido inglés.
Ni español, si a esas vamos.

Pero tuve que haberlos adquirido al mismo tiempo,
al mismo tiempo, ambos vivieron en mi boca

Tampoco recuerdo haber pensado ni una vez
que un idioma fuera distinto del otro.

Ni un recuerdo de estar pensando *ahora estoy hablando en español*
(o inglés). Para mí, cumplían su función conforme se iban
   ocupando.

Amá se ríe cuando me cuenta cómo empecé
a hablar: ya iba tarde, tenía tal vez unos tres años.

A esas alturas nomás gruñía.
Señalaba algo con el dedo y gruñía.
La empezó a preocupar que no hablara nunca.

Mudo, dijo. Mi vida serían señas y gruñidos.

Era mi hermana quien traducía lo que yo pedía: comida
o un juguete, o que me cargara en brazos y me sentara en sus
   piernas. Pero

un día, dando la vuelta en el carro, señalé hacia fuera de la
   ventana y
dije: *Ollo, ollo*, lo que significaba una pierna bien servida de
   Kentucky Fried Chicken.

Pero no era inglés ni español lo que yo hablaba.
Un niño, para comer, tiene que pedirlo, ¿no?

Si no, se muere de hambre por no haber hablado.

Mira cómo tiemblo: no me lo dices dos veces

Vivíamos en Canoga. Yo era demasiado chico
para recordar la mayoría de las cosas, pero

algunas se me grabaron en el cráneo, imágenes
que se almacenaron en los pasillos

de mi materia gris infantil, detalles específicos: bajo mis pies
la Tierra trepidando al punto de quebrarse y tragarme entero,

mi cama que quería aventarme,
la mano de Apá agarrándome del tobillo, jalándome hacia él,

todos corriendo, arrejuntados en medio del patio
esperando a que la Tierra abandonara su berrinche.

Recuerdo empacar nuestras cosas, abrazar
a mis primos y primas, decir adiós, recibir

un beso de Tía y una moneda de Tío, apretujar-
nos en el carro y tomar

la ruta más rápida
y más corta lejos de California

hasta Texas, donde nací.
De vuelta a casa, de donde soy.

Hoy, el mundo es gris entre mis dedos
(Peñitas Viejo, Texas)

Cepillo con mis dedos
el pelo de mi abuela.
Es suave como una nube.
Es gris como una nube,
nube gris que llueve
sonrisas
sobre mí.

Cuándo comer pan dulce . . .
(Peñitas Viejo, Texas)

Una fría mañana de sábado
cuando Buelita ha hervido
tazas de chocolate caliente
para calentar mis manos,
coloca platos en la mesa
y una torre de pan dulce:
conchas, pan de polvo,
churros y empanadas. Pero mi favorito
es el cochinito, un marranito de jengibre
que separo de la torre y acerco a mi nariz,
huele a deliciosa, sinuosa y dulce cochimaravilla.
Y entonces sé
que es la hora de comer pan dulce.

Aprendiendo a escribir
(En el kínder, *más o menos*. Texas)

El lápiz grande, rojo y grueso,
varita mágica entre mis dedos regordetes,
escribo mi nombre una y otra vez
en los renglones de mi cuaderno Big Chief.

Qué buena caligrafía, René,
dice mi maestra de kínder.
Le regalo una sonrisa grande y gruesa
y tan mágica como mi lápiz.

Mi primer beso

Más que distraerme, me perturbó
pero ¿quién entiende los embrollos del amor en el kínder,

capas y capas de complicaciones una sobre otra,
maraña de delicadeces que dan el paso a asuntos más espinosos?

A esa edad, mi corazón, tierno como era,
tierno como yo era, lo único que me importaba era saber que
    Josefa

era mi princesa del recreo, mi compañera de lectura, mi com-
    pinche de galletas de animalitos
su cabello, nubes cafés que emanaban dulzura hasta mi nariz.

Pero yo no era nadie para ella, lo sé, invisible, ni tan solo
la sombra de una mancha de un niño bobo de corazón inflamado

cada vez que la miraba de reojo durante la siesta
boca abajo en el tapete cubierto de plástico rojo y azul,

a la distancia de menos de un brazo, y ella con los ojos
    cerrados—
yo me apoyé en un codo, estiré el cuerpo y la besé.

Esto no se parece a leer

La maestra dice hoy
vamos a aprender
a leer
el reloj:

*La manecilla chica
marca el 12, la larga
marca el 3. Entonces
¿qué hora es?*
quiere saber.
Sostiene
un reloj amarillo de juguete
con manecillas rojas y
todas las horas del día
para que las leamos.

Estoy confundido.
Esto no tiene sentido.
No hay palabras.
No hay dibujos.
¿Dónde está la historia?

¿Dónde están Jan y Ted y *See Pug Run*?

Esto no se lee.
Esto no es leer.

Rosita Alvírez murió: el corrido
(Primer grado, al terminar el festival del Cinco de Mayo.
Nuevo Peñitas, Texas)

Mi amigo Rudy de acá del barrio
hacía como que tocaba el acordeón
rasgándose las costillas, bailaba alrededor
de la polvareda y cantaba cualquier trágica
canción de amor recién aprendida
(mi favorita de las que se echaba a grito pelado
era la balada de Rosita Alvírez,
el corrido de su temprana muerte atroz
en manos de un pretendiente que,
humillado por el desaire,
le disparó tres veces por las molestias).

Rudy giraba, cosquillas en su tórax, cantando
a todo pulmón, como si no hubiera nadie
más que él en todo el mundo —tantán.

Dos cosas que siempre recordaré del primer grado: ninguna de ellas tiene que ver con mi vocación de lector y escritor (¿o sí?)

1.

A la maestra Alvarez, que llevaba el pelo suelto, café y largo
hasta la cintura, y usaba puras minifaldas,
tan cortas eran sus faldas que se le asomaban los muslos
tan cortas, que hasta un niño podía notar que molestaba
a los directivos que todo su guardarropa rozara
los límites de la indecencia.

Y ni hablar de los *tacones* de plataforma.

2.

No recuerdo por qué, pero
ese día, en vez de pedir
permiso para ir al baño
me hice pipí en el escritorio.

Tampoco recuerdo
a mis compañeros señalándome
con dedos regordetes
—y yo obviamente mojado
y oliendo a rancio—.
No los recuerdo picándome
ni burlándose, lo que no
significa que no lo hayan hecho. Pero
no tengo ningún recuerdo
que me diga lo contrario.
Qué curioso.

Aprendiendo a andar en bici

(Pharr, Texas)

Es mi primo Hernán,
lo escucho claramente hasta hoy
sobre mi hombro derecho
diciéndome: *Ya estás*
Renecito, ya lo tienes.

Y tal cual, lo tengo,

                                excepto

que es él quien empuja
la bicicleta por la calle larga
frente a mí, me mantiene en equilibrio,
intenta enseñarme a andar solito,
suave y recto, imparable
por este camino. *Lo tienes*, repite.
Volteo ligeramente para ver a qué se refiere con que lo tengo,

y descubro que estoy a kilómetros de distancia de él
solito,
en la bici.

Aprendiendo a escribir: nace un escritor que empezó como lector: un soneto

Wet Albert
Encyclopedia Brown
The Hardy Boys
Nancy Drew

"The Veldt"
"The Necklace"
"The Monkey's Paw"
"The Lottery"

Fahrenheit 451
Matar a un ruiseñor
El gran Gatsby
Julio César

Y sigo leyendo.
Y sigo, leyendo.

La maestra Peña, que me presentó a Wet Albert
(Segundo grado)

Mi primera historia favorita fue
sobre un niño llamado Wet Albert.

En las páginas de clase el pachorrudo,
chapeado Albert vestía
gorro de lluvia, impermeable y botas amarillos. Tenía que hacerlo,
pues adonde fuera Wet Albert
una nube lo perseguía; cubetazos
de lluvia caían sobre él y sobre cualquiera
que estuviera parado a su lado.

Nadie quería jugar con él, solamente
su hermana chiquita, y solamente
en el subibaja. El lado de él, mojado,
el de ella, seco.

Incluso los familiares de Albert, que habían
optado por vivir y trabajar en un barco
porque estaban cansados y hartos
(de un modo pintoresco de libro infantil)
de empaparse todo el tiempo,
necesitaban descansos de vez en cuando. Por eso
lo acomodaron en un botecito
atado al barco más grande, y así él podía bogar
detrás de ellos   solito.

Wet Albert debe de haber sido
un niño solitario. Me pregunto si yo era solitario
también, si no ¿por qué me entusiasmó
tanto su historia? Bueno, podría
ser que (spoiler alert→) yo habría querido
toparme con un desconocido que me ofreciera
las llaves de su helicóptero y volar
alrededor del mundo reverdeciendo

paisajes áridos y marchitos.
En ese sentido, yo habría hecho de mi propia historia
algo maravilloso y súper heroico
que valiera la pena ser leído.

Pero no se sientan mal por Wet Albert.
Me tenía a mí como su mejor amigo y
yo habría jugado con él porque, ya saben,
a mí no me importa empaparme.

No tengo idea de lo que me estás hablando

Después de la escuela, tras cerciorarme de que estoy solo en la sala,
descuelgo el teléfono verde aguacate de la pared y marco el cero.
La operadora contesta suave y amable: *¿En qué puedo ayudarlo,*
    señor?
Verán, ella tiene acceso a los números de toda la gente del
    mundo y
por eso le pido: *¿Puede por favor comunicarme con Emma?*
¿Apellido?, me pregunta. *¿Emma qué, cariño?* Pero
¿y yo cómo voy a saber? Lo único que sé es que es Emma y
que está conmigo en tercer grado, es la niña de pelo café, largo,
que siempre usa vestido, que cruza los tobillos
cuando espera en la puerta, cuando espera a que suene la campana,
    le digo,
esa Emma, ¿la conoce?, ¿me puede
pasar su número, por favor? Tengo tantas ganas de hablar con ella
y decirle que me gusta muchísimo, preguntarle si yo le gusto.
La mujer, sin embargo, me decepciona; no tiene ni idea de lo
    que estoy hablando.

Mi primer coche digno de presumir fue un Chevy anaranjado modelo 57

Ahora bien, antes de que comiencen con los wows y con los
    órales,
antes de que comiencen a babear, antes de que alimenten
a ese monstruo llamado envidia, hay algo que deben saber:
ese Chevy 57 era un Hot Wheels.

¡Ya sé! ¿Verdad? ¡Órale órale!

                      ¡Un carrito de juguete!

Pero no era cualquier juguete.

              No para mí.

Para mí era muchísimo más.

Ese juguete —más bien— ese carrito

             me llevó a lugares.

Primer lugar
Mis mejores compas del barrio
eran un niño llamado Rudy y
otro niño llamado Toño.
Mientras que Toño tenía una vívida
y salvaje imaginación (alguna vez
recreó las épicas batallas
de la Guerra de las Galaxias con todo y cazas
estelares ala-x y una Estrella de la Muerte
hecha de papel aluminio),
Rudy era un visionario. No vio
en la sombra de su patio
una manera de escapar del sol
quemante del sur de Texas, sino
que vio una ciudad entera
bajo la bóveda del árbol y

talló nuestras calles y
avenidas, carreteras, veredas
sinuosas y caminos
que se cortaban abruptamente
en el límite del pueblo y
hasta hoy me pregunto si se acababan
porque era la sombra del árbol la que se acababa o
si Rudy era el único capaz
de imaginar que el camino seguía
y seguía fuera del poblado
de tierra, más allá de los postes de delimitación
que llevaban a / a través de / dejando atrás
más ciudades imaginarias
hasta llegar a otras más grandes
¿y más emocionantes? Pero

yo tenía la oportunidad de manejar
mi Chevy 57 anaranjado
por esas calles y avenidas y
construí mi propia casa
con palitos de paleta y hojas
con todo y su propia entrada
desde donde yo salía cuando
iba al cine (El Valle) o
a la tienda
(supermercado Foy's) o
a dar la vuelta a la calle 10 norte
como había oído que hacían los chicos más grandes,
con coches de verdad, los viernes en la noche.
Rudy, Toño y yo pasábamos
los veranos manejando
el día entero.

Segundo lugar
En el supermercado Foy's
había un estante de revistas.
Cuando acompañaba a mis papás

a hacer la compra de la semana,
lo que ellos llamaban *el mandado*,
tomaban un carrito y
empezaban en la sección de frutas y verduras y

yo me quedaba atrás
mirando las revistas.
La primera siempre era
MAD Magazine. Me encantaba
leer aquello que hoy sé
que se llama sátira, el siempre gracioso
Spy vs. Spy [que siempre me recordó
la violencia de las caricaturas
de *Tom y Jerry* y
El coyote y el correcaminos (aunque
de vez en cuando me sorprendí
apoyando a Wil. E. Coyote:
¡bip bip!)].

Sin maltratar el papel,
siempre acababa con la página plegable;
si doblas los puntos A y B de
cierto modo, se encuentran en el centro y
forman una nueva imagen
con frecuencia más chistosa que la original
que ni era chistosa.

Después venían las revistas de coches.
Casi siempre las que tenían un lowrider
en la portada. Y aunque, sí,
la modelo en traje de baño
que posaba junto al carro
estaba siempre muy guapa,
eran los coches de las fotos
los que me parecían más lindos.

Los tipos capaces de transformar
carros antiguos, clásicos y nuevos

en algo mágico nomás usando
suspensiones hidráulicas y
pintura tornasol, eran científicos locos.
Podían voltear un carro del derecho y del revés,
o eso parecía; la defensa delantera alzada en una mueca;
postrado en cuatro, listo para el ataque,
echado palante enviando un mensaje
para el barrio entero: *Sí, aquí ando y*
llegué para quedarme —whatchu
gonna do about it! En español
es *¿Y qué?* Pero el trabajo de pintura
era inmejorable. Nunca te esperabas
los colores y sus mezclas:
base morada con amarillo y
franjas verdes. Metalizado, siempre. Así nomás.

Entonces volvía a casa y despintaba
el anaranjado de mi Chevy 57 y
tomaba los barnices de uñas
de mi hermana. Y aunque ella nunca
me prestó los tonos
más chidos, y aunque nunca me gustó el rosado,
el esmalte transparente era mi máximo favorito
porque me dejaba con una reluciente
plomiza nave pimpeada y
a mí me fascinaba sacarla
a dar la vuelta en la entrada de la casa.

Tercer lugar
Lo que me hizo pensar:
¿Qué tanto hacían esos chicos
rolando por la calle 10 norte?
¿Qué tiene de especial
manejar lento y a ras del suelo
(si el coche no era bajo,
tenías que: hundirte
en tu asiento para que lo único visible
fuera la cima de tu cabeza y nunca

tan bajo que no pudieras ver el camino) pero siempre lento
y siempre con las ventanillas abajo y
la música tronando:
canciones mexicanas (o sea
norteñas y *cumbias*),
rock pesado (bandas de pelazo y
maquillaje, como Quiet Riot),
Lionel Richie y esa onda, y
country (porque hasta los rancheros y
los granjeros de sombrero y
botas llegaban en sus trocas y
se esmeraban en su bajo y lento (lo que
es complicado en camioneta
por las llantas enormes, y los sombreros
—también enormes— podían ir lento, pero sólo un poco).

Y aunque yo era demasiado chico
para ir a dar la vuelta con ellos, podía soñar
¿a poco no? Y lo hacía. Camino arriba por la banqueta
frente a nuestra entrada
hasta la calle y de regreso.
Me gustaban los Beach Boys, así
que esa era la música que imaginaba
salir de mi ventanilla
abierta, y la mirada de todos
atenta al esmalte plomizo brillante
de mi Chevy 57 entrando a la pista.
¡Sobre todo las muchachas!

¿Un carrito de juguete, dices?
Me vale, respondo.

Era más que eso.
Fue mi primera nave, compa,
y *whatchu gonna do about that!*

¿Envidia?

La magia del verano

Jugando a policías y ladrones, buenos y malos,
todos los niños del barrio y una que otra niña también.
Nunca sin rifles o pistolas improvisadas.
Nomás por divertirnos, por el gusto que da el pum pum de los
    balazos
al enemigo, y si no era muerte instantánea,
al menos arrestar a los malosos, y con suerte tú eras uno de ellos
    huyendo con el botín . . .
La magia del verano: un palo en la mano, amigos, un toque de
    imaginación.

Hoy, el mundo es amarillo en mi nariz

Calientita del comal,
la tortilla
está diciendo mi nombre.
Mi hermana mayor tiene la suya,
mi hermano chiquito, la suya;
siendo el hijo de en medio
llevo esperando
mi turno toda mi vida,
con el estómago
tronando.

Calientita en la mano de mi madre,
esa tortilla está diciendo mi nombre.
Mi mamá unta
una tajadita de mantequilla
en la cara de la tortilla.
Mi cara sonríe
anticipando.

Ay, mi panza se va llenando
de sólo olerla.

En el árbol mágico
para Jonathan y Polito, mis primos

Escondidos entre las ramas del mezquite, mis primos y yo soñamos.
Nuestra casa del árbol, que ahorita no es más que cuatro tablas
que el Tío Elías clavó para nosotros, paredes y piso imaginarios.
Aquí es donde pasamos el rato sin meternos en problemas, casi
   siempre. Pero

híjole, con eso basta, nuestro árbol mágico se transforma
en el cuarto de operaciones donde armamos estrategias.
Somos adictos a *Rat Patrol*, programa obligatorio los sábados en
   la mañana.
Con qué facilidad el basurero de Buelo —un hoyo en el suelo,
montoncitos de tierra alrededor para que el fuego no se expanda—
se vuelve dunas desérticas, torre de vigilancia a vista de pájaro.

Rat-tat-tat-tat-tat, le disparamos al enemigo.
Somos valerosos soldados del sol, con rifles invisibles
atados a nuestros pesados hombros, en marcha hacia el árbol
donde depondremos las armas, nos recuperaremos y seremos
   primos de nuevo.

Visitar a Polito, mi primo, siempre es . . . pasarla bien: autoplagio

(pellizcado de *The Jumping Tree*)

Solíamos
pasar horas
y horas
en el taller
de carpintería
de su padre
cortando
bloques
de madera
tallando toscas
imitaciones
de carros y
aviones.

Solíamos
lijar
planchas
de madera
hasta
que se sintieran
tersas
en las palmas
de nuestras
manos
y en los cachetes.

Solíamos
usar las
virutas
más tarde como
astillas o
confeti, y

solíamos
clavar nuestros
dedos
en las
montañas
de aserrín,
a veces
hasta hundir
nuestros
codos.

Jugo de hormigas
para mi hermana

Las hacen con hormigas, insiste mi hermana.
Eso me dijo Elizabeth.

La botella que tengo en la mano está fría y verdosa,
tiene las palabras Dr. Pepper pegadas en la barriga.

Compruébalo tú mismo. Ponlo a contraluz en el sol.

Un ojo cerrado, el vaso contra el sol. Le digo: *Ajá, ¿y?*

Bueno, menso, ¿no ves que es del color de las hormigas rojas?

No es cierto, le digo, pero todavía no me animo a darle un trago
    a la botella.

*Claro que sí. Lo que hace la gente del Dr. Pepper es que agarran a
    las hormigas*
entre el pulgar y el índice, así,
y aprietan sus tripas dentro de las botellas. Una por una.

Miro bajo el cuello de la botella, estudio el contenido,
lo atraigo a mi boca, al final sí doy un trago
y digo: *¿Y qué? Sabe bueno. Y además, hace mucho calor.*

Guerrilleros

¡Ahí les va!, grito desde el extremo del patio.
Esta bomba casera, una granada que hice con una lata de pintura
dibuja un arco en el pálido cielo, de camino a reventar
a mi primo en mil pedacitos. Pero todo de puro juego.

Estos fueron los juegos de mi niñez—
la guerra, pero con sonrisas, sin saber
el daño que podríamos causar. Divirtiéndonos
con estos juegos peligrosos, y a las risas,
revolcándonos luego en el pasto, no pasa nada.
Todo era nada más que de imaginación.

Provocando a los adultos: *¿A quién le voy a sacar el ojo?*
Pues, mi lata bomba llena de piedras
voló a través del cielo —¿yo cómo iba a saber?—
hasta estrellarse en la frente de mi primo y lo noqueó.

La Migra

Somos niños, así que ante la pura imagen
de camionetas blancas levantando
polvo a la distancia,
salimos corriendo como cucarachas.
Así nomás, en cosa de un minuto,
caen sobre nosotros las palabras
verdes y bien legibles del panel trasero
US Border Patrol.

Descienden de las camionetas, del aire acondicionado,
hombres en uniformes verdes, armas
en mano —vaqueros del Nuevo Oeste—
siempre a la caza de "mojaditos",
mexicanos espaldas mojadas, de cabello y piel y ojos
cafés como los míos, cuya ofensa ha sido querer
trabajar en los campos junto a nuestras madres
y padres, cuyo único sueño es
que sus hijos puedan jugar canicas o
al mamaleche junto a nosotros—
                                        todos nosotros
libres y morenos y riéndonos,
                                        todos nosotros
corriendo para escapar de La Migra.

Luego vino la Junior High

Esos malditos años. Y
aquellos maestros que me hicieron olvidar
el amor que sentía por los libros
—no diré sus nombres—, que insistieron
en que aquellos álbumes ilustrados y
las novelitas de misterios no contaban
como libros.

Ya no. Ahora hay que aprender
a leer de verdad: a identificar el tema,
el simbolismo,
a buscar significado
(el suyo, no el mío . . .
nunca el mío).
Escribimos reportes
Nos obligaron a participar
en pequeños grupos
o frente a toda la clase.

¡Aquellos maestros!
Igual, no diré sus nombres.

Mi padre, el hombre (1)

llega del trabajo oliendo a sudor añejo,
mugre en los nudillos. La nuca roja
encendida, la espalda rezumando minúsculas gotas
de sangre por el inclemente sol. En el pecho de su camisa
están bordados el nombre de la empresa y el logo,
ahora descansa arrugada junto a pantalones y calcetines.
En su lonchera, remendada con cinta, hay recipientes verdes
dejados a medias, arroz frío y frijoles que no se terminó.
Me tiene tronándole los nudillos, jalándole el dedo, pero
sin echarse pedos como en las bromas que otros padres hacen a
    sus hijos.
Las uñas de sus pies están amarillentas como el cartón, por los
    años,
millones de años, de trabajo. Esta noche, acostado en el piso,
descansa su espalda, descansa. No tiene tiempo para bromas,
    pero
está bien. Mañana hay trabajo, nuevamente. Lo entiendo.

Una tarjeta para mi mamá

Qué zángano resulté porque
hoy es el cumpleaños de Amá
(o Día del amor, o Día de la madre), y otra vez se me olvidó.

Y es hasta que llego a la casa después de la escuela,
listo para ver la tele, que mi hermana me lo recuerda
de nuevo: *¿Por qué eres tan zángano?*, quiere saber.

Sacudo así mi cabeza porque
conozco la respuesta a esa pregunta: de la peor calaña;
saco retazos de cartulina,
pegamento y tijeras, y me siento a idear una solución.

Recorto un corazón y lo pego en un papel verde, y garabateo
Feliz cumpleaños, Amá (o *Te amo* o *Feliz día de la madre*),
y la remato con mi estúpida firma. Cuando ella vuelve a casa,
lo único que tengo es esta tarjeta, y una cubeta de vergüenza cae
sobre mí, otra vez.

Lo habría hecho, de haber podido
(*Un llamado a todos los niños y padres: Troll Book Club**)

Apá casi nunca asistió a mis actividades extracurriculares.

A un par de partidos de fútbol americano, a otros tantos de
béisbol, pero
definitivamente no a los concursos de gramática, ni a la obra de
teatro en la que participé,
Kiss Me Kate, que terminó siendo más cómica de lo que quería-
mos
debido a un incidente relacionado con Petruchio en mallas
inclinado, de espaldas a la audiencia que le vio hasta donde no.

Me gusta pensar que Apá fue a mi graduación, a ese evento tras-
cendental y
uno de los motivos por los que vino a Estados Unidos, para que
yo tuviera una oportunidad, una
que no habría tenido allá en Monterrey, allá donde costaba
tanto sobrevivir
de un día para el otro para una pareja recién casada.
Si no asistió ni siquiera a eso,
fue porque estaba trabajando. Y cuando no estaba trabajando,
estaba trabajando
un poco más. Así es como sé que, de haber podido, habría ido a
todos esos eventos:

algunos lunes por la mañana, metía la mano a su bolsillo derecho y sacaba el verde
y ovalado morralito en donde guardaba las monedas, lo abría
con un pellizco y
de ahí sacaba un dólar o dos en *quarters*. No leía mucho que
digamos,

---

*Nota de la traductora: Un club del libro era un formato de venta de libros bajo pedido.

40

pero sabía que a mí me sería útil algún día. Deslizaba el dinero
y yo pasaba las delgadas páginas de mi orden de compra de
  Troll Book Club
sudándolas hasta encontrar el libro que quería, todas esas palabras
  para perderme en ellas.

Así es como lo sé.

Las manos de mi padre (1)

Las manos de mi padre son dos raíces abriendo la tierra.
Los nudos de sus manos lloran el dolor de tantos años empuñando una pala,
sus palmas son gruesas lijas raspando una tabla de madera.

Las manos de mi padre (2)

Las manos de mi padre son cafés;
son al mismo tiempo las raíces
y la tierra adherida
a las raíces
cavando,
estirando.

En el corazón de cada hombre duerme un león
(Derivado de *The Jumping Tree*)

El hombre que se preocupa por todo. **Apá**
nunca nos lleva a comer fuera, y mientras mastica calcula **el**
total, con impuestos. Su mente trabaja, el **hombre**
nunca logró disfrutar su comida porque **estaba**
preocupado por las facturas pendientes **ahí**
por si tendríamos suficiente para pagarlas.
   Su cerebro inquieto / **moviéndose**
hasta los límites del hubiera, pero siempre volvía **atrás**
a ratos, sentados a la mesa, **y**
nos miraba de arriba abajo cuando nos tenía **adelante**
y con las bocas llenas sonreíamos, y él sonreía con nosotros, **como**
si no existiera un solo motivo en el mundo para preocuparse, **un**
macho, eso era, un oso o un león. Sí, un **león**.

El canalito: en aquella época
(Nuevo Peñitas)

1
El sol alto a mis espaldas,
estoy de pie en el límite de un lugar
donde he lavado zanahorias y melones
con otros del viejo barrio,
el agua bailotea en remolinos silenciosos,
hay bostas verdes como terciopelo acumuladas
donde ya nadie juega
nunca.

Ahora estoy en el agua,
mis pantalones adheridos a mis piernas,
lodo y ramitas en mi pelo,
risa y gritos y en eso
uno de nosotros salta y salpica cortinas de agua
que por un momento ciegan a los que iban pasando.

2
Luego en la zanja, entre nuestro canalito y
los campos de algún granjero (la zanja es tan profunda
que se llena con agua de lluvia, rafagueante, casi traidora
después de cada tormenta corre de prisa sabrá Dios hacia
    dónde),
por aquí una mano enlodada sujeta el borde del asfalto,
mientras que por acá otra coloca un melón blanco, un *honeydew*—
borroneado de verde como si unos dedos lo agarraran,
o como estrías en la panza de una mamá—
y sube hasta la cima, hasta el agua y alcanza
nuestro alimento del día, un trofeo bien ganado,
(agazapados y zigzagueando para que el granjero no nos descubra
ignorando o tal vez burlándonos de sus letreros de *Prohibida la
    entrada*).
La fruta se abre en el borde del canal, sus tripas de semillas
derramadas y a la deriva en el agua de nuestra infancia.

3

Partido en pedazos lo más equitativos que pudimos,
se me antoja lo mío, devoro mi parte.
Todos sonreímos, anticipando el siguiente bocado,
el jugo escurriendo en las barbillas por donde ríos
de otras frutas prohibidas han corrido,
panzas llenas por ahora.

Más tarde, con el agua aún fluyendo, mi sombra atrapada en
    una ramita,
sujeta por dedos de terciopelo y manos
que han crecido ahí en cuestión de minutos, o años,
manos que me persiguen desde este pasado intempestivo.
Me anclo a la tierra; de otro modo,
la ramita y yo flotaremos a la deriva,
felices y libres como
en aquellos días.

La tiendita Leal's

La tiendita Leal's queda al final del caminito,
el callejón de tierra que cruza todo el barrio.
Hace calor hoy, pero una moneda está quemando
un agujero en mi bolsillo, y tengo ganas de una Fanta de naranja,
o a lo mejor una bolsa de Cheetos. Espero un poco para ver
si alguien más asoma su cabeza, pero después de unos
minutos me doy cuenta de que nadie se anima a caminar con-
    migo, así que voy
allá, yo solo. Mejor para mí:
                              No tendré que compartir con nadie.
                              Con nadie.

Hoy, el mundo es verde ante mis ojos

El sol brilla allá arriba,
Apá empuja la máquina de cortar
por el aterciopelado
                        verde
                                zacate.

Frente a la máquina
el pasto se ve alto.
La máquina mastica
y luego escupe
las hierbitas
como confeti crepitante
fuera del camino,
dejando una línea
limpia y verde
tras de sí.

Arriba y abajo, corta . . .
Arriba y abajo, va . . .
detrás va dejando hileras
del más brillante
                        verdísimo
                                zacate.

Dos cosas que me despiertan demasiado temprano los sábados en la mañana —Bueno, tres

1

Los Farías al otro lado de la calle
sustituyeron el canto del gallo de más arriba de la calle
que anunciaba al mundo de nuestra calle
que es hora de levantarse, todos los que vivimos en esta calle
con la música más fuerte del mundo invadiendo nuestra calle.

Son norteñas que retumban en nuestra calle
     y cumbias que agitan nuestra calle
     Los Tigres del Norte que riegan corridos por nuestra calle
     Freddy Fender quien entona "Wasted Days" en nuestra
       calle
     Narciso feliz como una lombriz con su acordeón en nuestra
       calle.

Pero, compa, es demasiado temprano en nuestra calle.
Ya amaneció, pero yo sigo bajo las cobijas en mi casa en nuestra
    calle.
Da igual porque estos ritmos mexicanos no dejarán de inundar
    nuestra calle.
Creo que mejor me levanto, miró pa'rriba y pa'bajo en nuestra
    calle,
y le doy los buenos días a Mundo Farías, el grande, al otro lado
    de la calle.

2

Luego, es mi papá
quien debería seguir durmiendo
en esta linda mañana de sábado
tras una larga y ardua semana de trabajo.
En vez de eso, ha sacado
la chillona, chirriante, chispante
máquina de cortar zacate,
una podadora en sus rodadas finales

jadeando por un último aliento,
tosiendo su hediondo humo,
aullando su sonido estridente.

No me lo vas a creer:
sin falta, comienza y termina
justo abajo de mi ventana
en la esquinita
del cuartito
que comparto con mi hermanito.

3
La tercera entra volando
a ráfagas
desde la cocina de mi mamá:
chorizo con huevo
migas
atole de arroz
tortillas de harina
fresquecitas del comal
un tajo de mantequilla
derritiéndose en ellas,
dobladas a la mitad,
la mantequilla escurriendo
por mi barbilla.
Basta un olfateo
para sacarme de la cama,
me froto las manos
me sobo la panza.

Algo en la música

Chequen esto: cuando estaba en la secundaria
hasta llegué a tener una banda, tocaba la corneta
porque sabía que la música tenía algo.
No sabía exactamente qué, pero
algo. Y yo quería ser parte de ese algo.

En la tienda la corneta era más barata
que la trompeta, así que mis papás
me la compraron a crédito. Aunque no sabía
por qué, algo me dijo que a las chicas
debía decirles que tocaba la trompeta porque, si no lo sabes,
es imposible notar la diferencia. Además, ¿cuál de los músicos
    cool del jazz
tocó la corneta alguna vez? Eso sí puedo decirlo:
ni Miles ni Dizzy. Ellos tocaban la trompeta.

Pero, compa, ese niño sí sabe tocar

¡Compa!
Julián sí toca
esa trompeta que tiene.
Jala aire
hasta llenar su vientre bajo
profundo,
lo retiene

        ahí

un compás cortito y
no   puedo   esperar
para que las notas fluyan
para que la canción llegue
que salga a toda prisa timbrando.

Pero primero,

        la espera . . .

hasta que del muymuyprofundo
emergen las notas
en una burbuja de aire
arriba arriba arriba van

        y se detienen

en los cachetes de Dizzy Gillespie,
donde eligen la línea más dulce,
elaboran su plano más dolorido,
escogen el camino más caprichoso
del pentagrama

Pero
                    la espera . . .
esta maldita espera,
qué pesada de aguantar

Y

al final se acaba
así   nomás
él soplando su canción
acorde.
Compa, ese niño sabe tocar.

Todo lo que sube . . .

Estaba en mi abuelo Servando, meciéndose atrás y adelante en el patio hacia el final de su vida, y en sus cachetes rasposos, y

en los cuentos de mi abuelo Federico a lo largo de toda la vida suya y al final también, apurado, con urgencia por contarlos

en el arroz con carne de mi abuela San Juanita cada vez que la visitábamos en Mier, Tamaulipas, y

en las flores de mi abuela Aurelia, especialmente en los bulbos de esperanzas que había en el jardín y que yo reventaba en mi frente.

Ya de adulto descubrí que, en inglés, la esperanza lleva por nombre *yellow trumpet*. ¿Qué podría ser más genial que eso?

El espejo

"Nos miramos en el espejo,
y nos vemos uno al otro"
—proverbio neochicano

Esos mochos, susurramos a gritos.
Chicanos pochos, nos gritan de vuelta.
Uno ridiculizando al otro —*No saben hablar.*
Hermanos y hermanas separados por algo tan simple como un río.
Entre ellos, mi propio padre, que cruzó de allá para acá
una y otra vez, y ahora recita la *Pledge**
en un inglés tan roto como una ventana. *Pero*
él no es como ellos, me digo. *Y yo tampoco.*

¿Y qué soy yo, sino hijo de mi padre? ¿Y
qué son mi historia y mi lengua?
Escucho el torrente del río y
escucho lo que me dice, claro y fluido,
que todos somos iguales: hermanos y hermanas,
madres y padres, tíos y tías y primos.

---

* Se refiere a la *Pledge of Alliance*, promesa de lealtad a la bandera y a la patria que los estadounidenses juran con una mano en el pecho.

No se puede temer a quien es amado

El viejo Pete, cabeza de la única familia blanca que hay en Peñitas
me da miedo porque es blanco y se sienta en el pórtico
todos los días a beber y a fumar, cosa que ninguno de nuestros
    padres hace,
por lo menos no en público.

Me da tanto miedo que estaría dispuesto a perder mi único balón
si algún día cayera en su jardín, y él sentado ahí viéndome,
siempre echando bocanadas de cigarro, llenando el mundo con
    nubes de humo,
siempre bebiendo, sin camisa.

Sin camisa, barriga y pecho translúcidos, los brazos rojos,
vestigios del sol de Texas, como los de nuestros padres. Pero
las cicatrices de su pecho, rosadas como chicle,
me dan aun más miedo. Esas se las hizo el cáncer.

Y de pronto, un día, se ha ido. O sea, para siempre, y su familia
lo llora. Dejas de dar miedo, si alguien llora por ti.

Nuestro último beso

para mi abuelita

El árbol que sembró
tres años antes,
con la esperanza de verlo florear
dio una flor este año —morada y blanca.

Brotó algunos días después
de su muerte, y
ella no vio los frutos
de su labor.

La última vez que la vi, me incliné para besar
su cara arrugada y morena,
un beso de nieto en la mejilla,
mi mano apoyada en su hombro.
Los marcos de nuestros lentes chocaron
igual que siempre, en nuestro último beso.

En este libro, yo, mí y mí mismo
(*Historias del barrio* por Piri Thomas
Nellie Schunior Junior High 1981 o por ahí)

No quiero dejar de leer este libro.
Es el primero en el que me veo a mí mismo.
Los niños hablan español.
Tienen nombres como el mío.
Tienen la piel morena como la mía.

Pero no quiero pedirlo en préstamo, tampoco.
Porque tendría que registrarme
& lo último que quiero en esta vida es ser un lector.

Pero ¿qué de mí?

Lo encontré de chiripa en un estante de la librería de mi secundaria.
Sus personajes se llaman Pedro y Johnny Cruz y
hablan español como yo con mis amigos, caminando por los
pasillos de la escuela
entre clase y clase.

En una historia, "The Konk", el joven narrador Piri cuenta
que quería hacerse un *conk*, un tratamiento que alacia el pelo
quemando el cuero cabelludo y

cuando en su casa sus papás le preguntan *qué le ha hecho a su
hermoso pelo*,
él responde que estaba cansado de ser diferente.
Eso puedo entenderlo.

Después de leer a Thomas entendí una cosa:
En lo que respecta a lecturas, yo quedaba
deliberadamente fuera de las páginas.

Yo no existía en la literatura.
Mi historia parecía irrelevante,
sin valor alguno.

Mi herida abierta

Este descubrimiento fue mi *herida abierta*.
Yo sabía que debía de existir al menos un libro que narrara
mi historia, pero si no me lo hubiera topado,
nunca me habría enterado.
Comencé a preguntarme porqué no nos hacían
leer a Thomas en la escuela. Si a mí me gustaba, era lógico
que a otros niños les gustaría también. Habría hecho una
    diferencia
para mí y para ellos —que una maestra, para mí
la máxima autoridad del salón, eligiera
activamente mi historia en su programa
habría sido algo notable: o sea, todos leyendo mi historia
en las páginas de un libro, ¡todos leyendo sobre mí / sobre
    nosotros!—

Por supuesto que habría hecho una diferencia.

Mi bibliotecaria

A la bibliotecaria, en cambio,
me encantaría nombrarla y no puedo.
Yo sabía que ella estaba ahí.
En mi mente, puedo verla detrás
del mostrador de salida,
filas de niños frente a ella, sus manos ocupadas
sacando la tarjetita del sobre
al final del libro y
sellando en rojo la fecha de devolución.

Tiene que haber habido alguien
ahí. Alguien debió haber mirado
hacia otro lado cuando yo me infiltraba
en la biblioteca sin que fuera
mi turno y sin tener un pase:
antes de la primera campana,
durante el almuerzo, después de la salida.
Me pregunto si alguna vez falté a clase
y me metí a la biblio.
No creo. No me imagino haber tenido
las agallas para eso.

Otra cosa que no recuerdo:
a la bibiliotecaria asomada
sobre mi hombro, intrigada por
enterarse de qué estaba leyendo (si quieren saberlo,
probablemente eran lecturas cortas de ovnis,
tesoros perdidos o el hombre de las nieves).
Nunca se abalanzó a recomendarme
libros relacionados (*Si te gustó este,
te encantará este otro . . .*) ni
a platicar conmigo (señal inequívoca
de que evaluaba mi comprensión
lectora) ni a correrme.

Una bibliotecaria sabe cosas

El instinto de cada bibliotecaria,
me imagino, es atrapar a los lectores.
Esta bibliotecaria no era así.
No en la manera en que entendemos
atrapar hoy en día.
Ella parecía saber que
no era buena idea confrontarme.
Parecía entender
lo que Frank Smith escribiría
algunos años más tarde: primero,
que la tarea de los maestros es facilitar
e impulsar la entrada de los niños
al club de los que saben leer. Los niños que
acuden a la escuela y ya son miembros
de ese club [¡YO!] *. . . deberían encontrar*
nuevas oportunidades en la escuela
para involucrarse en más actividades
del club, y aquellos *que todavía*
no son miembros deberían hallar
el salón [¡y la biblioteca!
¡por dios que sí, la biblioteca!] *. . .*
que les asegure la admisión
inmediata al club
(*Joining the Literacy Club,* 11).
El salón / la biblioteca es un lugar / espacio
donde se vale participar sin
ser evaluado y donde la colaboración está
siempre a la mano. Ningún niño debería quedar fuera
(*Joining the Literacy Club,* 12); segundo,
que la comprensión no se puede medir
puesto que es un estado
—el estado de no quedarse
con preguntas sin responder (*Reading*
Without Nonsense, 93).

Todas estas cosas mi bibliotecaria las sabía porque era una bibliotecaria.

En ese sentido, Texas era como una historia.
Una historia aburrida: autoplagio
(pellizcado de *The Jumping Tree*)

El ave oficial mexicana de Texas
en la región del valle del Río Grande
era una de estas tres: la urraca negra,
la insoportablemente escandalosa chachalaca o
la diabólica y mágica lechuza.

La lechuza aterrorizaba
los corazones de los niños
porque según decía la leyenda
estos búhos eran brujas disfrazadas
de aves nocturnas al acecho
de sus enemigos y de
niños y niñas traviesos.

Nuestra flor era la fruta
del espinoso nopal. En vez de
darnos ejotes, nuestras mamás
y abuelas pelaban las espinas
del cactus con una navaja
de afeitar, lo cortaban en cachitos
y lo ponían a hervir.

Cantábamos "Allá en el rancho grande",
"De colores" y "Las mañanitas".
No "Texas, Our Texas".

Estas formaban nuestra propia Texas.

Todas estas formaron nuestra Texas: mezcolanza de autoplagio

(pellizcado de *The Jumping Tree*)

por todos lados rostros morenos
el rostro blanco

esporádico
espolvoreado

atiborrado de mexicanos
atiborrado de nosotros

rostros morenos por todos lados

Era poesía

Lo había leído en algún lado:
ojos como albercas límpidas.
No tenía idea
qué significaba *límpido,*
pero me sonaba a poesía.
Yo sabía que a las niñas les gustaba la poesía
y Janie era la niña
que me gustaba, así que
le escribí un poema:
algo, algo,
algo, tus ojos,
son albercas límpidas.

Al terminar el almuerzo ese día,
caminando por la escuela,
ella me tomó de la mano.

Perdido

Me dirijo hacia el taller de Tío Polo.
Es carpintero.
Hay montones de aserrín
en el suelo, aserrín en
cada ranura y en cada grieta.
Llego a mi rincón,
saco el más reciente
Kalimán, el hombre increíble,
y leo. Estoy perdido

en el aserrín,
          perdido en la aventura.

                    Perdido en el lenguaje.

Dulce conversión
(1981)

No era precisamente un gran católico, mi papá.
Accedió a que Amá llevara a sus hijos
a una iglesia bautista, pero ¿venir con nosotros? Ni pensarlo.

Si la escuela dominical y rezar con fervor nos mantenían
en el buen camino, facilitándole a él el trabajo,
pues bueno, pero no traigan ese mugrero de aleluyas a la casa.

Para él sus fines de semana eran para ver béisbol y luchas,
para zamparse una cerveza o dos. Prefería cortar el zacate,
arreglar la camioneta u ordenar su cubeta de clavos y tornillos
      antes que

ponerse a pensar en un tal Jesús. Esto, claro, hasta que nosotros
      los niños
pedimos ser bautizados y el pastor comenzó a ir a la casa, a
      sentarse
en la sala por varias semanas y a asegurarse de que entendiéramos

el verdadero significado de la inmersión en agua, que no era
      cualquier cosa:

significaba que habíamos sido pecadores y que Jesús había
      derramado su sangre en la cruz
por nosotros, por mí, que tres días después se había levantado,
      vencedor por sobre
la muerte y el pecado, que íbamos a ser absueltos de todos nues-
      tros errores,

que ahora llevábamos a Jesús es nuestro corazón, que nos había-
      mos vuelto criaturas nuevas,
que todo lo viejo había quedado atrás, todas las cosas estaban
      renovadas.
Esto continuó por varias semanas, cada lunes a las seis de la
      tarde, Apá sentado

en el comedor a una distancia que le permitía escuchar, cenan-
do, chismosear
lo que decía el pastor, ponerlo en duda, gruñendo todo el tiempo.
Un febrero, sin embargo, el día de San Valentín su vida dio un
giro:

fue hasta donde estaba el pastor durante el llamado al altar y le
dijo: *Necesito*
rezar esa oración. Quiero ser un hombre nuevo. Y eso fue todo. Dejó
de beber, dejó de maldecir y desde aquel día nunca volvió a faltar
a una misa.

Y lo mejor de todo: comenzó a leer. Abría su Biblia de par en
par y
la leía por horas, se ponía al corriente por todos aquellos años
perdidos.
Amá y nosotros no podíamos ser más felices. Vale poner oreja,
supongo.

Mi padre, el hombre (2)

Me gustaría que no fuera así, pero
recuerdo este día
como si hubiera sido
apenas ayer:

Va a ser mediodía y
los primos estamos jugando
a las escondidas,
la versión mexicana de
hide-and-seek.

Nos escondemos detrás del huizache o
la chatarra que hay junto al taller del tío.
Llevamos horas jugando.

Tengo sed, de tanto correr y esconderme, así que
voy a buscar algo de tomar, y veo a Apá pegado
pecho a pecho con uno de mis tíos que
ha estado bebiendo y balbucea, pero
no tanto como para que no se entienda lo que dice:

Échate un trago como antes.
Sostiene un vaso de plástico con Oso Negro
frente a la cara de Apá, que se queda ahí parado

callado,

sin hacerle caso, haciéndole caso.
Mirando fijamente a Tío
a los ojos.

Bebe como bebías antes, ¿o qué?
¿Ya no eres un hombre?

En eso mi tío se voltea y
me ve. Tiene la cara llena de vergüenza.
Incluso a través de la neblina de su embriaguez
entiende que ha ido demasiado lejos
al cuestionar la valía de un hombre enfrente
de su hijo. Retrocede, se aleja con disimulo.
Se sienta a continuar bebiendo.

Apá ya no bebe.

Es un hermano, un aleluya.

Ese fue el día que aprendí
lo que significa poner la otra mejilla.
Y Apá se volvió un gigante aquel día.

El tío que maldijo a mi papá seguía siendo mi tío y yo lo amaba

Para mí, el duelo por alguien que amamos es como un perfume
  discreto.
Recuerdo estar parado en la fila, esperando
para ofrecerle mis condolencias a Tía
tras la muerte de Tío.

Cuando me incliné para darle un abrazo
y un beso, ella olía a aquel perfume
que hoy me hace pensar en la muerte.

Alguien más, velando la muerte
de su tío, podría decir en cambio:
Para mí, la muerte es el resplandor del sol.
Son mis primos con lentes oscuros
para ocultarse. Recuerdo estar de pie
en una barda en el patio, polvoso y
callado. Estoy con mis primos esperando
para ir al cementerio. Cada uno de ellos
trae puestos lentes oscuros.
Yo no tenía, así que no me los puse,
dejé mi rostro expuesto.
¿Me estaban viendo?
¿Tendrían modo de saber que yo ignoraba
cómo se supone que este tipo de tristeza
se vea en la cara?

Y otro niño podría decir,
de un modo menos poético, más simple:
El duelo, para mí, es el sonido del llanto.

Una palabra mucho más hermosa
(1985)

El día que Apá obtuvo su cuidadanía,
tuvo que responder a un montón de preguntas.
Para probar que se merecía el trofeo, supongo.

Había aprendido inglés apenas para írsela llevando
con su jefe, Mike. Apenas para ascender
de rango entre los trabajadores de la construcción. Pero

ahora, frente al oficial que, acuclillado
en su escritorio y bolígrafo en mano, se aferra
a la única cosa que mi padre anhela y que

parece inaccessible para las personas que piden
una rebanada del pastel del sueño americano
aunque sea una laminita de ese postre.

(La porción que se llevó Apá tiene la forma de sus dedos
maltratados de tanto trabajar, mochilas llenas de libros para sus
    hijos,
una almohada para su cabeza exhausta, comida en nuestros
    estómagos)

Aquel hombre le hace una última pregunta a Apá:
¿De qué color es la chaqueta que trae puesta?
Una bola suavecita hacia el medio del plato

colgada ahí, del tamaño de la Tierra, no podía fallarla,
¿verdad? Apá, en su inglés mocho, chorreando su acento,
    respondió
Purpo, but sorry I can't say it right in English.

Pero en español, dijo, *la palabra es morada.*
No, dice el oficial, *no es ni purple ni morada.*
Su chaqueta es café o guinda. But close enough!

La chaqueta que traía Apá era su tesoro, Amá se la había regalado
después de trabajar en Levi's más de diez años. Le dio ese trofeo
y él lo usó diez años más cada vez que tenía que ir arreglado. Pero

aquel día Apá no supo cómo decir guinda. Su tanque
se había quedado vacío. Eso sí, conocía *close enough*. Y
además, ¿no es *guinda* mucho más linda que *maroon*?

El sueño americano

¿No suena mucho más bonito en español que su contraparte en
  inglés—
The American Dream: que anticipa béisbol, pay de manzana,
  Chevrolet?

El sueño, en cambio, es algo que vuelves tuyo y que atraviesas,
algo por lo que luchas si hace falta, algo para esforzarte día tras día.
Algo para conjurar en sueños. Un nuevo amanecer cada mañana.

¿Tienes papeles?

Pensarías que un evento así
sería recordado por siempre, un evento
de tal magnitud:
cuando Apá obtuvo su ciudadanía,
un hombre con documentos.
Con papeles.

Me avergüenza decir que no,
no recuerdo nada de aquel día.
Rebusco en lo profundo de mi cráneo, pero
no encuentro nada de ese día,
de esas preciosas horas.

El hombre nunca faltó al trabajo,
a menos que fuera absolutamente indispensable, y
aunque pensarías que un día como ese
podría haberle pedido permiso a Mike.
Una hora o tres. Tal vez el día entero.
Podría haberse quedado en la mesa
a acabar su desayuno en vez de irse
al trabajo, mientras nosotros nos alistábamos para la escuela.

Pensarías que lo habríamos visto arreglado
para la ocasión: en vez
de uniforme azul y botas gastadas,
pantalones beige y zapatos boleados,
camisa abotonada,
su chaqueta Levi's color marrón.

Amá habría pedido el día, también,
para acompañarlo, para ir con él y apoyarlo.

Por más que intento, no logro verme ahí.
Si hubiera puesto atención,
habría podido preguntar:

Oiga, Apá, ¿a dónde tan elegante?
¿Alguna cita especial? Pero

no fue así. Ese día, después de la escuela,
¿no pensarías que habríamos tenido algo así
como un festejo? ¿Fideo con pollo o,
el favorito de mi papá, pollo con mole?

Incluso algo tan sencillo como Amá presumiendo
la noticia en la mesa: *Hijos, ¿qué creen?*
Amá orgullosa, él cubriendo una sonrisa
de satisfacción con un puño, pero el brillo en sus ojos, no
    obstante,
revelándolo todo. Lo habría visto si hubiera puesto atención.

Sin embargo, como ya dije, si algo de aquello sucedió,
yo no estaba poniendo atención y me lo perdí.

Sin embargo, sí recuerdo la puesta en escena
que hizo luego en el puente cuando cruzamos a casa
después de visitar a la familia en Mier. Esperábamos turno
en la larga línea, esperábamos reingresar a nuestro
Estados Unidos. Él se inclinó bajo su asiento y sacó
un sobre amarillo, lo desengrapó, hojeó
el contenido y se preparó para cuando el agente preguntara
¿Ciudadano americano? Y Apá, que estaba listo, lo vio
directito a los ojos y dejó que el documento respondiera.

Escribía, pero no era escritor
(si eso tiene sentido)

Escribí mi primera historia
en el segundo año de preparatoria.
Como si fuera una *telenovela*, está llena
de clichés y melodrama.
Es una historia de horror que sucede
en mi propio barrio:
Nuevo Peñitas, en el extremo sur de Texas.
El narrador sale al frente de su casa,
resbala y se parte la cabeza contra el cemento.
Se incorpora, vuelve en sí y
cruza la calle hasta un baldío.
Su mamá lo ha mandado
a la tienda a comprar
una cebolla, dos tomates y
tortillas de maíz.

A su vuelta, el niño se encuentra con una feroz
y helada ventolera, un "norte",
vientos del norte que conocí de chico.

Con la mirada alcanza su casa. Pero
también ve a unos vecinos,
fisgones, chismosos,
que intentan averiguar quién va
en la ambulancia. El niño teme
que sea su mamá. ¿Quién más?
Su papá está en el trabajo.
Solamente puede ser su mamá.

Siente el corazón en la garganta.

A codazos, el niño se abre paso
entre la multitud,
llega hasta la camilla,
descorre la sábana,

y lo que encuentra es
—esperen, esperen— a sí mismo,
su rostro pálido y sin vida, ni rastro de luz en los ojos.
Alcanza a ver a su madre,
en un extremo de la multitud, un vecino
la consuela. Su único hijo ha muerto.

Cursi, ¿no te dije?

Música en todos lados

Me paro en medio del Puente Internacional y
cierro los ojos. Escucho la corriente del Río Bravo
fluyendo bajo mis pies, en dirección
al Golfo de México, y si inclino mi cabeza solo un poquito
para bloquear los cláxons y las correas de ventilador y
a los niños chillones y a los niños que venden chicles, escucho
la música del río; luego abro mis ojos y oídos y
veo y escucho
     su música también
       en los niños
          en las correas
            en los cláxons.

Intermedios

Nosotros los de por aquí, del valle del Río Grande,
nos movemos entre dos fronteras.

Al sur está el límite México-Texas
Hacia arriba, "el norte".

Un día de estos, viajando desde Mier, Tamaulipas,
en México, después de visitar a mi familia, un agente migratorio
    va a preguntarnos:

¿Ciudadano americano? Apá nos enseñó a responder *Sí*,
por supuesto, sí.

Migración nos da la entrada al país.
Estamos en casa.

Ese mismo día, vamos manejando con rumbo norte
para visitar a mi tía en San Antonio, pero

cuando no llevamos ni una hora de camino, a punto de llegar a
en Falfurrias en la interestatal 69, avanzamos a vuelta de rueda
    detrás de

coches, camiones, autobuses, acercándonos todos lentamente
al retén de la guardia fronteriza

que se jacta de tener las cifras más altas de arrestos de inmigrantes
    ilegales y
decomiso de drogas.

¿Ciudadano?, pregunta el agente.
Por segunda vez en el día, respondemos *Sí*, y

se nos da la entrada de nuevo
como si necesitáramos permiso para salir del valle,

como si estuviéramos viajando a otro país,
uno que es mío y al mismo tiempo no.

Esperando turno en el retén de la guardia fronteriza en Falfurrias, Texas #1

(De camino a visitar a la tía y los primos en San Antonio, Texas, Estados Unidos* de América)

Faltan diez carros. Los niños vamos callados en el asiento de atrás. Los hombros de Apá están tensos.

---

* El título original, "US of A", establece un juego con la palabra "Us" (nosotros) que se forma al escribir US (United States).

Esperando turno en el retén de la guardia fronteriza en Falfurrias, Texas #2

A paso de tortuga, avanzamos un lugar. Adelante, un pastor alemán ladra.

Esperando turno en el retén de la guardia fronteriza en Falfurrias, Texas #3

Pareciera que lleváramos toda la vida, pero hemos avanzado hasta el octavo lugar. Visitar a la tía da miedo.

Esperando turno en el retén de la guardia fronteriza en Falfurrias, Texas #4

El número siete. No es de buena suerte ni nada, tan solo un carro más cerca.

Esperando turno en el retén de la guardia fronteriza en Falfurrias, Texas #5

Estamos tan cerca que alcanzamos a leer las cifras: YTD[*]:
¿Indocumentados retenidos? Un friego.

---

[*] YTD (Year-to-date) significa "acumulado hasta la fecha".

Esperando turno en el retén de la guardia fronteriza en Falfurrias, Texas #6

Estoy en el asiento de mi coche propio, en mi propio país. ¿Por qué tengo tanto miedo?

Esperando turno en el retén de la guardia fronteriza en Falfurrias, Texas #7

Cuatro coches antes que nosotros: Amá se ha quedado callada. Me pregunto, *¿Así se lo había imaginado?*

Esperando turno en el retén de la guardia fronteriza en Falfurrias, Texas #8

(Aquí estoy, ¡y no me voy!)

Apá dejó un reguero de papeles. Tiene documentos. Se lo ganó.
¡Y qué!

Esperando turno en el retén de la guardia fronteriza en Falfurrias, Texas #9

Casi llegando, Apá dice: *Míralo a los ojos. No tengas miedo. Es tu país.*

Esperando turno en el retén de la guardia fronteriza en Falfurrias, Texas #10

El miedo es a que te digan: *Regrésate a tu tierra.* Pero la cosa es que yo soy de Peñitas.

Esperando turno en el retén de la guardia fronteriza en Falfurrias, Texas #11

Un agente más creído que John Wayne le pregunta a Apá:
   'Merican citizen?

                                                   Yessir.

Un libro, un escape

Le dije a la maestra que mis principios
(¡las groserías a las que me estaría exponiendo
si leyera un libro así! ¡Y oh, yo, oh mi
inocente yo!) me impedían leer *El guardián
en el centeno*, de Salinger. Qué importaba
que en el autobús escolar yo escuchara cosas
peores que las que Holden había dicho.

La verdad, no quería leerlo y ya.
Estaba harto de leer libros completos,
de tomar notas de lectura, de discutirlos
con compañeros tan hastiados como yo,
de tomar más notas, etcétera, hasta cansarme de este libro,
cansarme de todos los libros que me hubieran
asignado maestros igual de aburridos, y para cerrar
con broche de oro un ensayo de cinco páginas sobre
la inocencia o la rebeldía adolescente. Mi profesora,
que usaba frenos como una niña, dijo: *Bueno. No te voy a obligar
a leer algo que tú sientas que no deberías leer.* (Y,
ay, tonto de mí por ponerme a festejar la respuesta
en mi cabeza, creyendo que ahí acababa
todo, y que podría saltarme esta tarea
mientras mis compañeros batallaban con otro libro aburrido,
ay, tonto, qué tonto, ¿qué estaba pensando?).

La maestra García apuntó hacia el librero que
estaba detrás de su escritorio. Qué raro que yo
nunca hubiera visto todos esos libros, en orden alfabético
de lado a lado por autor. *No te voy a decir
todo lo que te vas a perder por no leer a
Salinger, uno de los mejores escritores de Estados Unidos*
(el viejo truco de decirme exactamente
lo que había dicho que no me diría. Tramposilla).
*Lo que sí es que de todas maneras vas a tener que leer
un libro y hacer las mismas tareas que tus compañeros,*

y tú vas a tener que hacerlas todas
por tu cuenta.

Era demasiado tarde para arrepentirme, así
que asentí. *Y*, dijo, *el libro que vas a leer*
por tu cuenta, tú mismo lo vas a elegir
de mi colección personal.

Antes de que me acecharan las dudas y la posibilidad de
    arrepentirme
de todo, de recular, con mi rebelde cola entre las patas,
me acerqué y revisé los títulos. Mi dedo se detuvo en
El Conde de Monte Cristo, de un tal
Alejandro Dumas. La portada, sencilla —un retrato
de un joven con un abrigo café,
pelo rizado despeinado, de rostro pálido y
patillas como las de mis tíos, que
me miró de vuelta, fijamente, con ojos oscuros.
Determinados. Me gustó la portada. La juzgué.

Este, dije. *Buena elección*, respondió ella.
Si quieres, hablaremos de él
cuando estés listo, dijo. *No creo*, pensé, *pero*
buen intento.

Leer este libro me enseñó varias cosas:
primero, que yo era un lector lento, pero determinado;
segundo, que si me dejaban, yo era capaz de distinguir un buen
    libro
con solo verlo; tercero, que me gustaban la acción y
las aventuras; y finalmente, que realmente podía enamorarme
de la lectura.

Escribir, qué pesado

(doceavo grado)

La siguiente historia que escribí era aún peor
que la primera, una copia barata
de *Romeo y Julieta*. La mía tenía
lugar en el metro de Nueva York,
aunque yo nunca había ido
a la Gran Manzana y mucho menos había
tomado la línea L. Pero creía que las historias,
para ser interesantes,
tenían que suceder en lugares lejanos
extravagantes, donde la gente hablara fuerte
y rápido, recorriendo las calles más fuerte y más
rápido. Con prisa para llegar a un sitio
para hacer algo grandioso. Mi única experiencia
con la ciudad era la película *Los Guerreros*,
sobre una pandilla incriminada en la muerte de Cyrus,
el hombre que integraría a todas
las pandillas de Nueva York en una sola.
Los Guerreros, desesperados por volver
a su plaza, Coney Island, se embarcan
en el regreso, cada esquina más peligrosa que la anterior,
con todas las pandillas de la ciudad persiguiéndolos
para cobrar venganza. Obtuve
una A en ese ejercicio, pero nunca
se me ocurrió volverme escritor.
Era una tarea y ya, sólo eso,
en cuanto la entregué
la olvidé por completo. ¡Pero, oh, soy el torno de la fortuna!

Espejos / Ventanas / Puertas deslizantes: Edición de lectura

Historias del barrio
Gatsby
El sol también sale

Walt Whitman
Emily Dickinson
e.e. cummings

"Batalla royal"
"Los blues de Sonny"
"Un buen hombre es difícil de encontrar"

Ve y dilo en la montaña
La casa en la calle Mango
Bendíceme, Ultima—Bendíceme, Ultima, ¡sí!

Espejos / Ventanas / Puertas deslizantes:
Edición televisiva

The Rat Patrol
La isla de Gilligan
Los héroes de Hogan

Solid Gold
Soul Train
American Bandstand

El Chavo del Ocho
El Chapulín Colorado
Siempre en domingo

Las momias de Guanajuato
Nosotros los pobres
El cuatro dedos

Tengo talento pa' la mecanografía: 60 ppm:
Soy mecanógrafo como Apá

F
FE
FEL
FELIZ
FELIZN
FELIZNA
FELIZNAV
FELIZNAVI
FELIZNAVID
FELIZNAVIDA
FELIZNAVIDAD
FELIZ NAVIDAD
HO
HO
HO
próspero año y felicidad
y una noche buena para todos

Un agujero en mi bolsillo, escribo (aunque a veces no lo parezca)

Ando luciéndome
por los pasillos

como Tony Manero
en *Staying Alive.*

Tengo mi pluma
de diez colores quemando

mi bolsillo.
Me muero por sacarla

y mostrarle a mis compañeros
que soy un escritor magistral:

Le cambio a negro, a azul,
a verde, a rojo, a morado

y escribo. Escribo lo que sea.
Lo escribo todo

en todos los hermosos colores.

En las tardes mi mamá lee: cómo me volví escritor

En las tardes—
después de nuestra escuela,
después de su trabajo—
Amá se sienta a la mesa,
barajea la correspondencia,
acomoda las cuentas por urgencia,
separa las que nosotros los niños
vamos a leer para ellos más tarde porque,
como a Apá le gusta decirnos:
Ustedes son los que saben inglés.

Algunos otros días,
encuentra la nueva edición
de *Selecciones*, la versión hispana
del *Reader's Digest*, y
esas tardes se queda
en la mesa por más tiempo
antes de preparar la cena.
Lo lee completito
en una sentada, y a veces
nos cuenta chistes
que nos hacen reír también. O
alguna historia conmovedora
e inspiradora sobre alguien
que se perdió días en el Himalaya sin
el equipo adecuado para aguantar,
pero que resistió, sacando
la garra para sobrevivir. Yo me sentaba ahí
totalmente absorto en esas historias.
Adaptaciones, así les decían.
Sintetizadas, así las describían
Condensadas, que es como decir
la pura carnita.

Reducidas al mero corazón
de la historia. Nada superfluo.
Sólo lo mero bueno, lo necesario
para que la historia funcione: acciones
bien fundamentadas por personaje, diálogos fluidos
para avanzar o ralentizar la trama, detalles vívidos. Pero
mis favoritas eran las historias de los lectores
siempre genuinas, auténticas. Historias
que podrían haber sucedido aquí enseguida, o
al final de mi calle.

Amá se sentaba en silencio
después de leernos en voz alta, con cuidado cerraba
la revista, la dejaba en la mesa,
en la cabecera, y se levantaba a preparar la cena.

.

Bajo la sombra: cómo me hice escritor
para mi abuelito, con todo mi corazón

Bajo la sombra de lonas arrugadas,
sentado sobre llantas viejas cuyo interior
la lluvia va inundando, Buelito apunta los ojos
hacia la autopista recién pavimentada
y luego hacia las hileras de algodón. Dice:
En aquel entonces, eran días duros, duros
pero buenos. Se refiere a su infancia,
cuando trabajó este campo o uno parecido a este.
Los jóvenes de hoy en día, dice
sacudiendo la cabeza ante la idea,
no saben qué tan duro podía ser,
no aprecian todo lo bueno que tienen.

Me siento y escucho, más que nada por respeto,
después de todo es mi abuelo y
sabe contar buenas historias.
Salíamos de casa temprano para trabajar,
a una hora que tú ni conoces, m'ijo.
Estira los labios y sus dientes se asoman,
puede sacárselos cada vez que quiera
y donde sea. Me da risa,
para ser tan viejo, sigue provocando
carcajadas. *Trabajábamos por una miseria*
de sueldo, apenas unos dólares al día.
Trabajábamos durante el almuerzo y hasta que anochecía.
Puntos blancos oscilando entre las
osamentas café del algodón cosechado, polvo levantado
de los campos secos gira en esta dirección
sin destino aparente.

Pero mira, continúa Buelito,
y sacude esa cabeza que él tiene, cargada de
decepciones. *Mira, una máquina puede hacer el trabajo*
de cien hombres, mujeres y niños.

Y con aire acondicionado un solo hombre
abre la tierra. Se queda callado,
el sol se aproxima, despacito,
rozándonos los dedos de los pies.

Dice, como para sí mismo:
Me pregunto cuánto ganará
ese hombre   seguramente más
que todos los otros hombres y mujeres y
niños juntos, y en un solo pago.
Comienzo a percibir el calor del sol en los dedos del pie.

Ustedes nunca sabrán lo que es trabajar. Digo
trabajar de verdad, trabajar bajo el sol.
Trabajar hasta que las manos sangren. Hasta que la espalda
ya no se mantenga recta.
Me levanto y restriego mis dedos en la tierra fresca.
El agua de mi llanta se derrama en un cacho
de suelo ajado y con grietas.
Envuelvo con mis brazos sus hombros
encorvados, fuertes. Él busca mi rostro
con su mano callosa y sonríe.
No, pienso, *supongo que nunca voy a conocer*
ese tipo de trabajo duro del que hablas. Pero
sé esto: que las matemáticas, así como
leer y escribir, a mí me cuestan trabajo.

El cuentista: cómo me volví escritor

"Somos nuestras historias"
—proverbio neochicano

Mi abuelo, brazos extendidos,
sentado en el sofá, piernas cruzadas,
en la trailita que compró después
de la muerte de mi abuela, sonríe
a la cámara de video, un profeta, ahora me doy cuenta.

Cumplo 87 en febrero, dice. Y
en sus ojos, ahora grisáceos y ocultos tras
los anteojos rayados, sé que habitan historias inumerables,
historias que me definen, que ayudan a definirme.
¿Qué quieres saber? pregunta.
Quiero saberlo todo, Buelo.

¿Todo? Pero ¿por dónde empiezo?

Ni una sola cosa: un escritor en formación espera en la fila de correos para enviarle una carta a su novia de larga distancia en el mostrador en vez de en la caja: rompiendo expectativas

Mientras espero en la larga fila de correos, estoy leyendo *Monte Cristo*.

Esto es lo que me pierdo por estar leyendo:

a mis vecinos de fila, que susurran su molestia porque la empleada
    se está tardando más tiempo del que ellos creen que debería,
a la mujer enfrente de mí, que se rasca una costra del codo,
    haciéndola sangrar,
a un viejo, estiloso y malumorado, que vino a recoger un
    paquete.

Mi nariz metida en este libro,
no me pierdo nada.

Leer no es escribir . . . ¿o sí?: cómo me hice escritor
(Senioritis*—1986)

Cuando vayas a la universidad, ¿qué vas a estudiar?
La verdad, no tengo idea, ni cómo empezar. Pero

en aquel entonces, lo último en lo que yo
habría querido convertirme era en escritor.

En esos días jamás se me habría ocurrido
que alguien quisiera ser un autor.

¿Por qué alguien elegiría eso como profesión?
Yo había escrito ensayos y reportes de clase, así que

sabía por experiencia que escribir era muy complicado. Pero
¿estudiarlo, ejercerlo como un empleo, igual que mi padre en la

cementera hasta doce horas al día?
Esa idea nunca cruzó por mi cabeza.

Por supuesto, sabía que tenía que haber alguien
pegando palabras juntas en oraciones

en párrafos en capítulos en libros.
Y, no por ser pesado, pero los materiales que leíamos en clase

no eran más que textos asignados
que cruzábamos trabajosamente. Eran de Ray Bradbury,

quién demonios era ese tipo;
de Guy de Maupassant, cuyo nombre se me dificultaba

---

* "Senioritis" se refiere a la falta de la motivación durante el último año escolar, generalmente en secundaria.

pronunciar, su obra maestra era "El collar"—
quelle horreur para un lector joven; y

de O. Henry con sus finales tramposos. Pero para mí, un
    estudiante
tratando de sobrevivir, no significaban nada

más que nombres en las portadas. Los leía porque me
obligaban, y quería sacar buenas calificaciones.

Los autores llevaban muertos mucho tiempo, y si vivían
(un dato que yo no sabía, ni quería saber

realmente), era en lugares lejanos
como Londres o Nueva York, sitios raros, exóticos e

inaccesibles para un niño del extremo sur de Texas.
De todos modos, los leía.

Y con el tiempo, me fue inevitable escribir.

Epílogo
Tarde o temprano era inevitable

Empecé a escribir ya en serio
durante mis últimos años de la carrera.

Ahí había un grupito con el que me juntaba:
Lynn, Craig, Glen y Deanna
—y otros tantos— ellos leían.

Entonces, yo también leía. Leían y les encantaba
hablar sobre lo que leían. Íbamos a
dar la vuelta a la tiendita y
Glen (o alguien más) leía
un poema, y mientras devorábamos pastelitos Little Debbie
y bebíamos Mountain Dew, hablábamos. Sólo hablábamos.

Así fue como me enamoré
de e.e. cummings,
Dickinson, Whitman. Y tantos otros:

Fitzgerald, Hemingway, Faulkner.
Más tarde, yo solito encontré a Baldwin.
Y mucho después, también yo solo, encontré a
Cisneros, Anaya, Chávez, Gilb.
Paredes, Hinojosa-Smith, Rivera. Pero
ese asunto da para otro poema. Para otro libro.

De vez en cuando Glen sacaba
una libretita de su mochila mensajera y
leía alguna otra cosa, algo
que no era para la clase y
era hermoso. Y era suyo.

Empecé a ponerle más atención a Glen
cuando no se daba cuenta. De camino a clase,
se paraba en medio del pasillo,

sacaba una libretita y escribía, cuando terminaba
la volvía a meter a su mochila y
seguía su camino hacia donde fuera.

Además, siempre tenía novia
o novias, a decir verdad. Yo no.

No es que fuera guapo, por lo menos no era
más guapo que yo. Pero yo no tenía novia.
Mucho menos novias, en plural. Y
yo tenía tantas ganas de tener una. Entonces me di cuenta:
Glen era un poeta, y recordé mis días
de secundaria, el poema que escribí para Janie, *algo-
algo-algo* sobre *ojos como
albercas límpidas*, recordé el calorcito
de su mano en la mía, la suavidad, cómo
me sentí flotar alrededor de la escuela, y
caí en la cuenta de algo enorme:

a las niñas les encanta la poesía. Así que

compré mi propia libreta y
tomé este asunto de la poesía con mis propias manos.

De lo que recuerdo, por más que quiero olvidarlo:
la poesía que escribí al principio era horrible, y
ni siquiera conseguí novia. Esos poemas
los habría quemado si hubiera tenido cerillos a la mano.
Te digo que eran malísimos. Qué
bueno que me deshice de todos ellos. Pero
escribía, y en ese momento eso bastaba.

Coda
¿Los escritores qué?

Sin embargo, la pregunta que surge a continuación es: *¿Qué hacen los escritores?*

La respuesta de cajón es: *Los escritores leen, leen y leen todavía más. Cuando sientas que has leído demasiado, lee otra vez.*

Pero para un escritor, un libro tiene que ser más que un libro.
No puede ser tan solo un escape de la realidad.
No puede ser tan solo entretenimiento por un rato.
No puede ser tan solo el remedio para curar el alma / el cuerpo
    / la mente.

Tiene que haber una lección:
¿Cómo logró este escritor absorberme en la historia desde el inicio?
¿Cómo aceleró el ritmo de la trama o lo ralentizó?
¿Por qué no está siguiendo las reglas?
Un momento, ¿qué acaba de suceder aquí?

Escribir va más allá del libro, además.
Escribir es algo que me sucede a cada paso, cada día,
a cada minuto del día. Cada segundo,
tan solo tengo que ponerme bien trucha:
andar alerta, mente abierta, listo para lo que venga.
Estar preparado, ser rápido para tomar notas en la página
o en el interior del cráneo si es lo único que tienes al momento.
Registrar es un acto de ahora o nunca.
Entrena tu olfato para encontrar lo dulce
y lo rancio. Que todo lo que toques
te electrifique de pies a cabeza.
Mira, pero más: observa. Chismosea conversaciones
alrededor de ti. Prueba la página de un libro,
prueba una agujeta, la sal de la sien de un amigo.
Archívalo todo, es ahora o nunca.
Sólo por si acaso, para encontrarlo
cuando sea el momento.

No te sientes a esperar la llegada del rayo
o de la musa. Escribir es un trabajo arduo.
Enhebrar palabras juntas para formar
oraciones, oraciones para formar
párrafos, párrafos para formar
capítulos, capítulos para formar
un libro, libros para llenar
un librero. Es dura, la vida de escritor. Pero,
si lo haces bien, leerás mis palabras, y
tal vez algún día me preguntes: *¿Cómo me
puedo volver escritor?* Y yo tendré este poema
en mi bolsillo, doblado con mucho cuidado. Lo agarraré,
lo aplanaré lo más que pueda, avergonzado por
las manchas de café y otras imperfecciones, y
te lo regalaré en la mano. Tú lo tomarás, lo leerás y
dejarás todo lo demás de lado. Empezarás:

palabras a oraciones a párrafos
a capítulos a tu primer libro
que se verá tan solito en aquel librero
que querrás escribir más
y más y más

Hasta que llegue ese momento, yo seguiré escribiendo. Aquí te
espero.

También por René Saldaña Jr.

A Case Is Still a Case / Un caso siempre es un caso
(Mickey Rangel Mysteries / Colección Mickey Rangel,
Detective Privado)

A Good Long Way

A Mystery Bigger Than Big: A Mickey Rangel Mystery /
Un misterio mas grande que grandisimo: Colección Mickey Rangel,
Detective Privado

The Curse of the Bully's Wrath / La maldición de la ira del abusón

Dale, dale, dale / Hit It, Hit It, Hit It

Finding Our Way

The Jumping Tree

The Case of the Pen Gone Missing: A Mickey Rangel Mystery /
El caso de La pluma perdida: Colección Mickey Rangel,
Detective Privado

The Lemon Tree Caper: A Mickey Rangel Mystery /
La intriga del limonero: Colección Mickey Rangel,
Detective Privado

The Mystery of the Mischievous Marker: A Mickey Rangel Mystery /
El misterio del malvado marcador: Colección Mickey Rangel,
Detective Privado

The Whole Sky Full of Stars

Also by René Saldaña Jr.

A Case Is Still a Case / Un caso siempre es un caso
(Mickey Rangel Mysteries / Colección Mickey Rangel,
Detective Privado)

A Good Long Way

A Mystery Bigger Than Big: A Mickey Rangel Mystery /
Un misterio mas grande que grandisimo: Colección Mickey Rangel,
Detective Privado

The Curse of the Bully's Wrath / La maldición de la ira del abusón

Dale, dale, dale / Hit It, Hit It, Hit It

Finding Our Way

The Jumping Tree

The Case of the Pen Gone Missing: A Mickey Rangel Mystery /
El caso de La pluma perdida: Colección Mickey Rangel,
Detective Privado

The Lemon Tree Caper: A Mickey Rangel Mystery /
La intriga del limonero: Colección Mickey Rangel,
Detective Privado

The Mystery of the Mischievous Marker: A Mickey Rangel Mystery /
El misterio del malvado marcador: Colección Mickey Rangel,
Detective Privado

The Whole Sky Full of Stars